INTERNATIONALES
AvD-AVUS-RENNEN
92
GROSSER PREIS
VON BERLIN
21. SEPTEMBER 1958
VERANSTALTER: AvD · AUTOMOBILCLUB VON DEUTSCHLAND
OFFIZIELLES PROGRAMM

Richard Kitschigin

MYTHOS AVUS

RICHARD KITSCHIGIN

MYTHOS AVUS

AUTOMOBILSPORT IN BERLIN

ULLSTEIN

Inhaltsverzeichnis

ZUM GELEIT
Eberhard Diepgen, Regierender Bürgermeister von Berlin 6
Dr. Wolf Wegener, Vorstandsvorsitzender des ADAC Berlin-Brandenburg 8
Hans-Joachim Stuck, Rennfahrer, Audi-Werkspilot 9

VOM REITWEG ZUR A 115
Die »Automobil-Verkehrs- und Übungsstraße« 10

DIE AVUS
Ein klassischer Kurs des internationalen Motorsports 20

DIE AVUS
Ein Lieblingskind der Berliner 26

AM START: FAHRZEUGE AUS ACHT JAHRZEHNTEN

DIE WILDEN 20ER

Opel 8/25 32
NAG C4 34
NSU 6/60 Kompressor 36
Brennabor 6/20 Kompressor 38
Mercedes-Benz 2-Liter-8-Zylinder 40

AUF REKORDJAGD

Opel RAK 2 44
BMW 2-Zylinder-Boxer 46
16-Zylinder Auto Union 48

DIE FRÜHEN 30ER

Bugatti Typ 37 52
Mercedes-Benz SSK 54
Udet U12 »Flamingo« 56
Alfa Romeo 8C 2300 Monza 58
Alfa Romeo Tipo B aerodinamica 60
Schwachpunkt Reifen 62

DAS SCHNELLSTE RENNEN

Auto Union Typ C 66
Mercedes-Benz W25 68

ZWISCHENSPIEL

BMW 328 72

DER NEUBEGINN

Veritas Meteor Formel 2 76
Mercedes-Benz W196 78
Gordini Typ 16 80
AWE Rennsportwagen 82
Borgward RS 1500 84
Porsche 550 A Spyder 86

XXI. Grosser Preis von Deutschland

Porsche Formel 2 **90**

Ferrari 246 Dino **92**

Cooper T51 Climax **94**

BRM 25 **96**

Lotus 16 **98**

Flaute in den 60ern

Jaguar E Lightweight **102**

Abarth-Simca 2000 **104**

Porsche 910/6 Coupé **106**

Alfa Romeo GTA **108**

Die »neue« AVUS

Chevrolet Corvette Sting Ray **112**

Kaimann Formel Super Vau **114**

Alfa Romeo 33 SC12 **116**

BMW M1 **118**

Porsche 956 C Coupé **120**

Formel Ford 1800 **122**

VW Ralt Formel 3 **124**

Deutsche Tourenwagen-Meisterschaft

Ford Sierra Cosworth **128**

BMW M3 **130**

Audi V8 quattro **132**

Mercedes-Benz 190 E 2.5-16 Evo II **134**

Alfa Romeo 155 V6 TI **136**

Opel Calibra V6 **138**

Auch auf der AVUS: Motorradrennen **140**

Männer, die AVUS-Geschichte schrieben

Fritz von Opel **144**
Christian Riecken **144**
Rudolf Caracciola **145**
Manfred von Brauchitsch **145**
Achille Varzi **146**
Guy Moll **146**
Hans Stuck **147**
Luigi Fagioli **147**
Hermann Lang **148**
Bernd Rosemeyer **148**
Paul Greifzu **149**
Karl Kling **149**
Hans Herrmann **150**
Richard von Frankenberg **150**
Wolfgang Graf Berghe von Trips **151**
Jean Behra **151**
Tony Brooks **152**
Kurt Ahrens **152**
Herbert Schultze **153**
Derek Bell **153**
Hans-Joachim Stuck **154**
Klaus Ludwig **154**

AVUS-Statistik
Sieger – und Opfer **155**

AVUS quattro
Audis Idee vom Sportwagen von morgen **158**

Ein ganz spezieller Teil der Berliner Geschichte

Die AVUS, die »Automobil-Verkehrs- und Übungsstraße«, ist ein Stück Berlin. Eine Straße, die symbolisch das alte Berlin der frühen Jahrzehnte dieses Jahrhunderts mit dem Berlin von morgen verbindet, auch wenn eines ihrer Wahrzeichen, die berühmt-berüchtigte Steilkurve unter dem Funkturm, bereits der Moderne weichen mußte.

Um so mehr habe ich es begrüßt, daß die Tradition dieser ersten Autobahn, die gleichzeitig die erste deutsche Automobil-Rennstrecke ist, auf der »aaa '94«, der Berliner Auto-Ausstellung des Jahres 1994, durch eine in ihrer Art einmalige und unwiederholbare Sonderschau gewürdigt wurde. Mit den dort versammelten Sport- und Rennwagen aus vielen Ländern, die im Lauf von mehr als sieben Jahrzehnten auf der Grunewaldpiste zum sportlichen Wettstreit angetreten sind, gewann der »Mythos AVUS« handfest Gestalt. Und Zehntausende von Besuchern atmeten das Flair von internationalem Rennsport in unserer Stadt; in der Messehalle standen die Fans von heute staunend vor der künstlerischen »Rekonstruktion« des Klinkermonuments der Nordkurve, das sie bisher nur aus den Erzählungen der Väter kannten, und staunten über die Leistungen der Rennfahrer, die sich der Herausforderung der AVUS seit 1921 gestellt haben.

Es ist eine gute Idee, diese AVUS-Reminiszenz, diesen ganz speziellen Teil der Berliner Geschichte und der Geschichte des Motorsports in Deutschland, nicht mit Beendigung der Ausstellung einfach abzuräumen, sondern sie in Form dieses Bildbandes zu erhalten. Auch, und gerade wenn AVUS-Rennen heute und in der überschaubaren Zukunft weiter zu den größten und packendsten Sportereignissen unserer Stadt gehören werden, ist »Denkmalschutz«, ist Bewahrung der Vergangenheit Aufgabe der Gegenwart. Ich freue mich, daß dieses Buch einen bemerkenswerten Beitrag dazu leistet.

Eberhard Diepgen
Regierender Bürgermeister von Berlin

Beim Eröffnungsrundgang der Berliner Automobil-Ausstellung »aaa ´94« führte Richard Kitschigin, Initiator der AVUS-Sonderschau und Autor von »Mythos AVUS«, Bundeswirtschaftsminister Dr. Günter Rexrodt (links im Bild) und die Präsidentin des Verbandes der Automobilindustrie, Dr. Erika Emmerich, durch die mit einer Boxenstraße und der täuschend echt nachempfundenen Steilkurve dekorierte Messehalle.

Berlin und das Automobil gehören zusammen

Berlin war, ist und wird eine Metropole des Motorsports bleiben – nicht zuletzt aufgrund seiner Historie. Hier entstand nicht nur die erste Rennstrecke, hier fand auch die erste Internationale Automobil-Ausstellung in Deutschland statt, die eines nicht mehr allzu fernen Tages in die deutsche Hauptstadt zurückkehren wird. Berlin und das Automobil gehören nun einmal zusammen, seit um die Jahrhundertwende die ersten »Motorwagen« Unter den Linden schnauften.

Als 1921 die lange geplante »Automobil-Verkehrs- und Übungsstraße« endlich mit einem ersten Rennen eröffnet werden konnte, jubelte das Publikum; das sprichwörtliche »Berliner Tempo« hatte eine neue Dimension gewonnen. Und die Stadt eine neue Attraktion, die Besucher aus allen Teilen des Landes und der Welt anzog. Mit der gewaltigen Steilkurve wurde die Grunewaldpiste schnellste Rennstrecke der Welt, der »Mythos AVUS« war geboren, ein Ruf, der die Zeitläufte überdauert hat.

Zeiten, in denen nicht nur die legendäre Klinkerwand geschleift, sondern die Zukunft des Motorsports in Berlin in Frage gestellt wurde. Es war der ADAC, der die AVUS als Sportstätte retten, die Tradition fortführen und dem Berliner City-Kurs neues Ansehen und neue Bedeutung als Austragungsort der international renommierten und im Publikumsinteresse ganz oben rangierenden Deutschen Tourenwagen-Meisterschaft geben konnte.

Gut, daß die wechselvolle Historie dieser einzigartigen Rennpiste in Wort und Bild festgehalten wird, in Gestalt der Akteure, der Autos und ihrer Piloten, die in mehr als sieben Jahrzehnten die AVUS-Geschichte geschrieben haben. Dem ADAC Berlin-Brandenburg ist die Besinnung auf die Geschichte Verpflichtung für die Zukunft.

Dr. Wolf Wegener
Vorstandsvorsitzender des ADAC Berlin-Brandenburg

In Berlin zu starten, ist etwas Besonderes

»Es war für jeden Fahrer eine Genugtuung, einmal in Berlin gestartet zu sein!« Das sagte mein Vater, Hans Stuck, der 1934 am Lenkrad des sensationellen Heckmotor-16-Zylinders der Auto Union auf der AVUS Weltrekorde am laufenden Band aufstellte, der im Berliner Vorort Neubabelsberg Wohnung nahm und anfangs für Mercedes, später im Zeichen der vier Ringe kaum ein AVUS-Rennen ausließ. »Die Zuschauer«, meinte er, »waren so sachverständig und begeistert – das bleibt einem ewig in Erinnerung.«

Als »Hänschen« war Hans Stuck ein Liebling des Berliner Publikums, und ich freue mich und bin stolz darauf, daß mein Spitzname »Strietzel« auf den AVUS-Tribünen inzwischen einen ähnlich guten Klang hat. Dieses Gefühl jedenfalls gibt mir der Jubel der Fans, wenn ich in Berlin gewinne, aber auch der Beifall, der mich begrüßt, wenn ich mein Auto irgendwo am Rand der Piste abstellen mußte und zu Fuß, den Helm unter dem Arm, Richtung Fahrerlager pilgere.

Mein Vater hatte schon recht: Die Berliner sind faire Zuschauer. Und ich hoffe und wünsche es ihnen, daß sie noch lange Gelegenheit haben werden, guten Sport auf ihrem legendären City-Kurs zu erleben. Ich und mein Audi-Team – wir werden der AVUS treu bleiben; bei allen Einwänden, die im übrigen durch die jüngsten Veränderungen der Streckenführung weitgehend überholt sind, weiß ich mich mit meinen Kollegen, in welchen Autos sie auch immer sitzen, einig: In Berlin zu starten, war und ist immer etwas Besonderes. Das uns Fahrern nachzuempfinden, wünsche ich allen, die in diesem Bildband vom »Mythos AVUS« blättern.

Hans-Joachim Stuck
Rennfahrer, Audi-Werkspilot

Vom Reitweg zur A 115

Die »Automobil-Verkehrs- und Übungsstraße«

1775
Die »Grunewaldsche Heyde« mit der Allee Potsdam-Charlottenburg wird neu vermessen.

1786
Friedrich Nicolai, Schriftsteller und Verleger, schwärmt in der »Beschreibung der Königlichen Residenzstädte ...« von der »angenehmen Allee durch den Wald auf dem Wege nach Potsdam, welchen man Königsweg nennt ... «.

1820
Die Deckersche Karte weist die Allee als Landstraße aus.

1897
Parallel zu dieser, als Reitweg viel genutzten Straße, dem späteren Kronprinzessinnenweg, wird in hundert Meter Entfernung die Eisenbahnstrecke Berlin-Blankenheim in Betrieb genommen.

1899
»Erste Internationale Motorwagen-Ausstellung« in Berlin.

1907
Beim Automobilrennen um den »Kaiserpreis« im Taunus keimt die Idee einer speziellen Renn- und Teststrecke.

1909
In Berlin wird eine »Automobil-Verkehrs- und Übungsstraße G.m.b.H.« gegründet .

1911
In einer Denkschrift werden Baukosten für ein Straßenstück Charlottenburg-Beelitzhof, was etwa der heutigen AVUS entspricht, mit 3 050 000 Reichsmark veranschlagt. Die

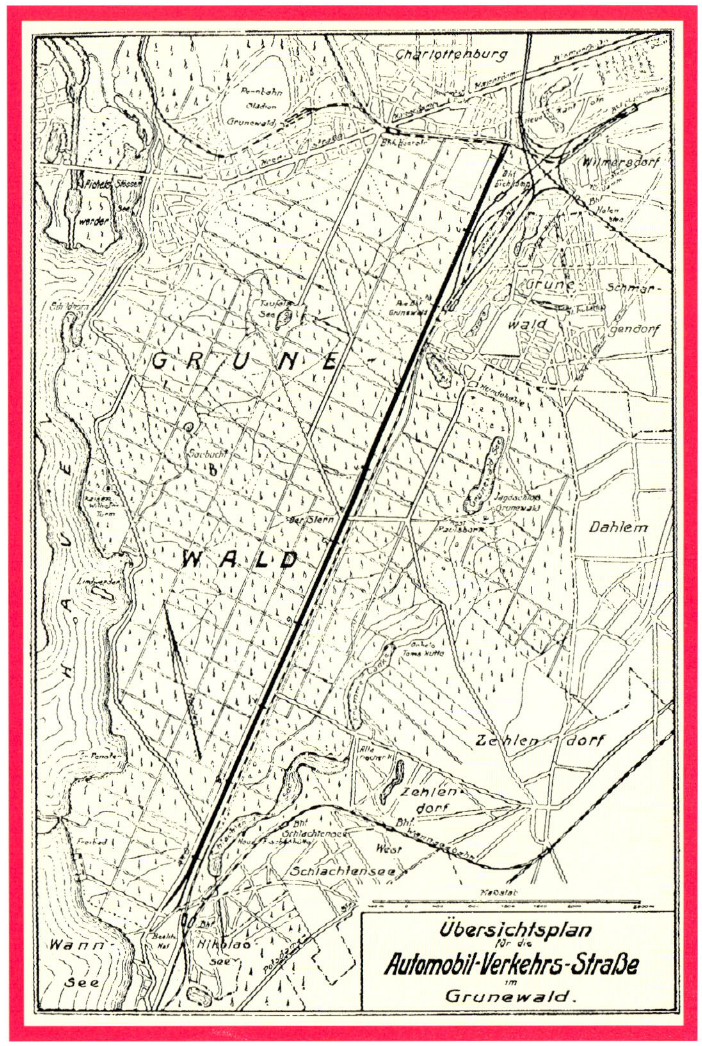

Die »Allgemeine Automobil-Zeitung« informierte 1912 mit dieser Planskizze über das Projekt einer kreuzungsfreien Autostraße im Westen Berlins; Kurven zur Verbindung der beiden Richtungsfahrbahnen fehlten noch.

Anlage soll nicht nur den Motorsportlern, sondern Verkehrszwecken und der baulichen Erschließung des Wannseegebietes dienen. Eine »wertvolle Bereicherung des Berliner Straßennetzes«.

1913
Umwandlung der AVUS-GmbH in eine Aktiengesellschaft. Beginn der Bauarbeiten »in dem Waldstreifen zwischen Allee und Eisenbahn«. Kreuzungsfrei, mit zwei je acht Meter breiten, von einem Grünstreifen getrennten Fahrbahnen, entsteht die erste Autobahn.

1914
Vor der endgültigen Fertigstellung führt der Erste Weltkrieg zur Einstellung aller Arbeiten.

1921
Das 1920, dank des finanziellen Engagements des Stinnes-Konzerns, wieder aufgenommene AVUS-Projekt wird mit dem Aufbringen einer 25 Zentimeter starken Fahrbahndecke und der Fertigstellung eines Torgebäudes, der Tribünen und sonstiger Betriebsanlagen zu Ende geführt. Am Wochenende des 24./25. September wird die Strecke mit einem ersten Rennen in Betrieb genommen: 19,6 Kilometer, die beiden Geraden durch eine Nordschleife mit einem Radius von 244 Metern und eine engere Südschleife mit einem 166-Meter-Radius zwischen dem Schlachtensee und dem S-Bahnhof Nikolassee verbunden. Ab dem 1. Oktober ist die Straße auch für den Alltagsverkehr geöffnet. Die einmalige Benutzung kostet 10, eine auf ein Vierteljahr befristete Dauerkarte 1 000 Mark.

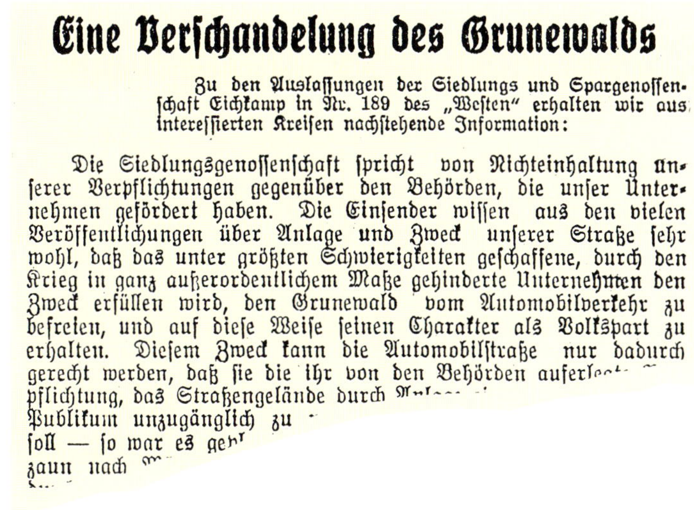

Eine Verschandelung des Grunewalds

Zu den Auslassungen der Siedlungs und Spargenossenschaft Eichkamp in Nr. 189 des „Westen" erhalten wir aus interessierten Kreisen nachstehende Information:

Die Siedlungsgenossenschaft spricht von Nichteinhaltung unserer Verpflichtungen gegenüber den Behörden, die unser Unternehmen gefördert haben. Die Einsender wissen aus den vielen Veröffentlichungen über Anlage und Zweck unserer Straße sehr wohl, daß das unter größten Schwierigkeiten geschaffene, durch den Krieg in ganz außerordentlichem Maße gehinderte Unternehmen den Zweck erfüllen wird, den Grunewald vom Automobilverkehr zu befreien, und auf diese Weise seinen Charakter als Volkspark zu erhalten. Diesem Zweck kann die Automobilstraße nur dadurch gerecht werden, daß sie die ihr von den Behörden auferl[illegible] pflichtung, das Straßengelände durch [illegible] Publikum unzugänglich zu [illegible] soll — so war es geh[illegible] zaun nach [illegible]

1923
Inflation: Die einfache Fahrt auf der AVUS kostet 5 000, Hin- und Rückfahrt 8 000, das Monatsabonnement 100 000 Mark. Für Eintrittskarten zum »Kleinwagenrennen« sind zwischen 3 und 100 Millionen Mark zu zahlen.

Ein Torhaus als Einfahrt zur mautpflichtigen »Automobil-Verkehrs- und Übungsstraße«, die – so erklärte die AVUS AG – geeignet sei, den Verkehr zu bündeln und den übrigen »Grunewald vom Automobilverkehr zu befreien«.

1924-1926
Weiterer Ausbau der AVUS als Rennstrecke. Die betonierte Nordschleife wird auf 10 Meter verbreitert, die Strecke erhält einen neuen Asphaltbelag, in Höhe des Großen Sterns – nicht zu verwechseln mit dem Platz gleichen Namens im Tiergarten – wird mit einem Durchmesser von 60 Metern eine sogenannte »Motorradkurve« oder »Zwischenschleife« gebaut, Zeittafeln, 30 Telefonstellen und riesige Siemens & Halske-Lautsprecher werden installiert, Tribünen auf der Außenseite der Piste errichtet. Im Innenraum der Nordschleife entsteht ein Platz für Automobilturniere.

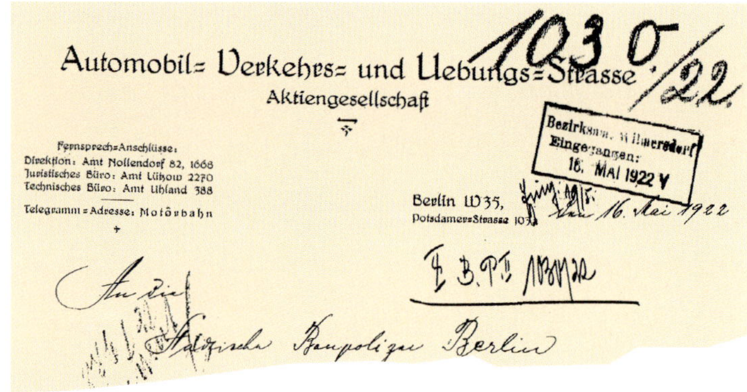
1030/22

Automobil= Verkehrs= und Uebungs=Strasse
Aktiengesellschaft

Fernsprech=Anschlüsse:
Direktion: Amt Nollendorf 82, 1668
Juristisches Büro: Amt Lützow 2270
Technisches Büro: Amt Uhland 388

Telegramm=Adresse: Motorbahn

Bezirksamt Wilmersdorf
Eingegangen:
16. MAI 1922 V

Berlin W35, den 16. Mai 1922
Potsdamer=Strasse 103

An die
Städtische Baupolizei Berlin

Von Anfang an erfüllte die AVUS eine Doppelfunktion. Sie war, obwohl Privatstraße, ein wichtiges Teil des wachsenden Berliner Straßennetzes, und sie war Rennstrecke, auf deren Tribünen und Stehplätzen schon in den wirtschaftlich schwierigen 20er Jahren weltstädtischer Trubel herrschte, vor allem an der Nordkurve unter dem Funkturm.

1927
Die Benutzungsgebühren sind gesenkt worden. Eine einfache AVUS-Fahrt kostet 1,20 Mark, die Wochenkarte 9 und die Jahreskarte 320 Mark.

1935
Entscheidung, die AVUS-Hochgeschwindigkeitspiste durch den Bau einer Steilkurve im Norden noch schneller zu machen, um u.a. den Stunden-Weltrekord und den 500 Kilometer-Streckenweltrekord in das auf internationale

Die AVUS Mitte der 30er Jahre: Schnurgerade verläuft die Trasse, die weite Südschleife in Nikolassee ist bei den jährlichen Rennveranstaltungen ein beliebter Zuschauerplatz für das nicht ganz so zahlungskräftige Publikum.

Die neue Nordkurve
Nordkurve-Innenraum (50000 Zuschauer)
Das neue Verwaltungs-Gebäude
Avus-Einfahrt

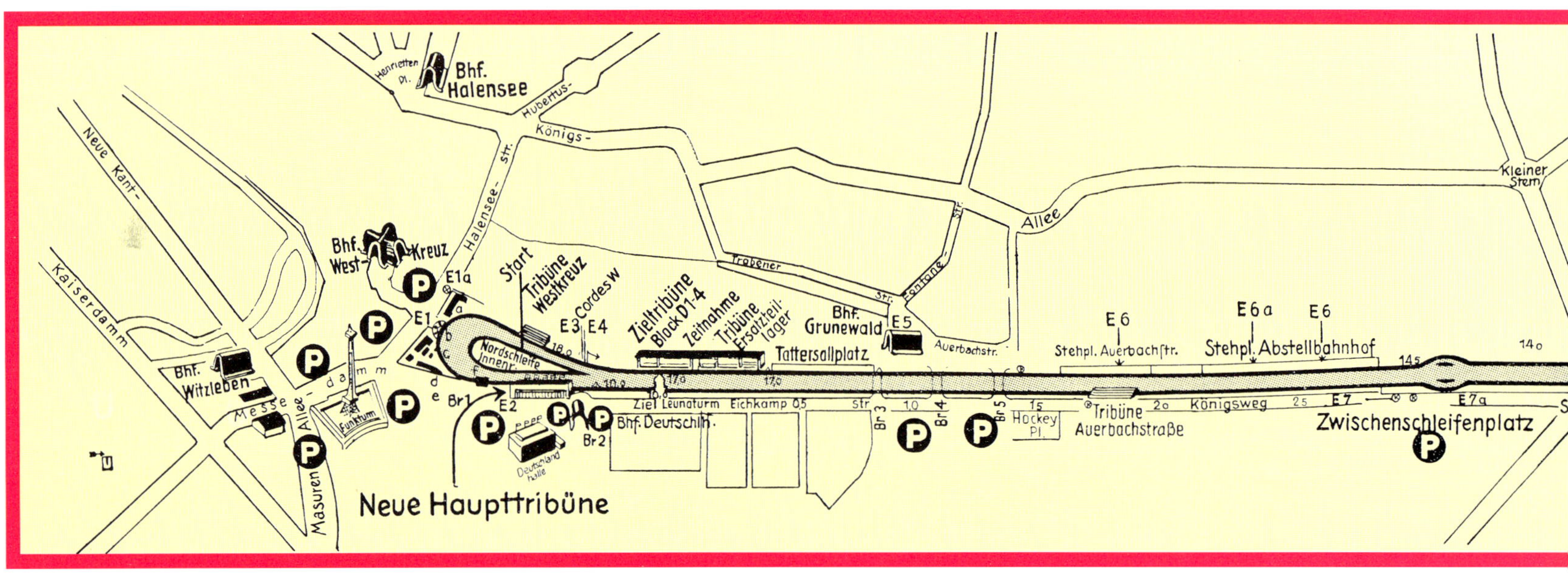
Bhf. Halensee
Henrietten Pl.
Hubertus-
Königs-
Neue Kant-
Kaiserdamm
Halensee-str.
Bhf. West-Kreuz
Start
Tribüne Westkreuz
Cordesw
Zieltribüne Block D1-4
Zeitnahme
Tribüne
Ersatzteil-lager
Trabener
Bhf. Grunewald
Fontane-str.
Allee
Kleiner Stern
Tattersallplatz
Auerbachstr.
Stehpl. Auerbachstr.
Stehpl. Abstellbahnhof
E1a
E1
E2
E3
E4
E5
E6
E6a
E7
E7a
Bhf. Witzleben
Messe-damm
Allee
Masuren
Funkturm
Nordschleife Innenr.
Br 1
Br 2
Br 3
Br 4
Br 5
Bhf. Deutschlh.
Ziel
Leunaturm
Eichkamp
Hockey Pl.
Tribüne Auerbachstraße
Königsweg
Zwischenschleifenplatz
Neue Haupttribüne

Sporterfolge erpichte »Dritte Reich« zu holen. In der »Allgemeinen Automobil-Zeitung« vom 28. Dezember heißt es, »daß der geplante Kurvenumbau auf eine persönliche Anregung des Führers zurückgeht«.

1936/1937
Durchbruch der Halenseestraße in Richtung Funkturm. Dadurch schrumpft der mögliche Radius der AVUS-Nordkurve auf 92,6 Meter. Nach Plänen des Berliner Baurats Erich Krey entsteht eine 12,42 Meter hohe Steilwand mit einem Neigungswinkel von 43,6 Grad, belegt mit rotbraunen, hochkant gemauerten Klinkersteinen. Die Kurve ist in einer Breite von 18 Metern befahrbar, die im Renntempo zu nehmende Spur oberhalb einer weißen Markierungslinie ist acht Meter breit. Auf der Westseite der AVUS entstehen eine neue Tribüne und ein neues Verwaltungsgebäude mit Beobachtungsturm. Am 30. Mai 1937 findet das erste Rennen auf der neuen, insgesamt 19,3 Kilometer langen Anlage statt.

1940
Die AVUS, die schon vorher ihren Charakter als Privatstraße verloren hatte, wird als Teilstück der Reichsautobahnen über ein »Kleeblatt« in Nikolassee mit dem Berliner Ring verbunden. Die alte Südschleife ist verschwunden.

1951
Mit 300 000 DM aus »Garioa«-Mitteln – einem Hilfsfonds der Vereinigten Staaten – und 139 000 von der deutschen Industrie aufgebrachten Mark können die schlimmsten Kriegsschäden beseitigt werden. 1 200 Notstandsarbeiter setzen Strecke und Haupttribüne instand – die Südkurve am Großen Stern wird ausgebaut. 350 000 Zuschauer erleben das erste AVUS-Rennen nach dem Zweiten Weltkrieg auf der auf 8,3 Kilometer geschrumpften Piste.

1967
Beginn einer vierjährigen Bauperiode, in der die AVUS, seit dem Mauerbau 1961 mehr als zuvor Haupt-Ausfallstraße der West-Berliner, an den Autobahn-Stadtring angeschlossen wird. Die Steilkurve muß dem Autobahndreieck Funkturm weichen. Eine neue, nur bei Sportveranstaltungen geöffnete flache Nordkurve mit Parkplätzen im Innenraum entsteht, die 1971 zum ersten Mal im Rennen über die auf nun 8,1 Kilometer verkürzte Strecke befahren wird.

1972
Die AVUS wird zwischen Autobahndreieck Funkturm und

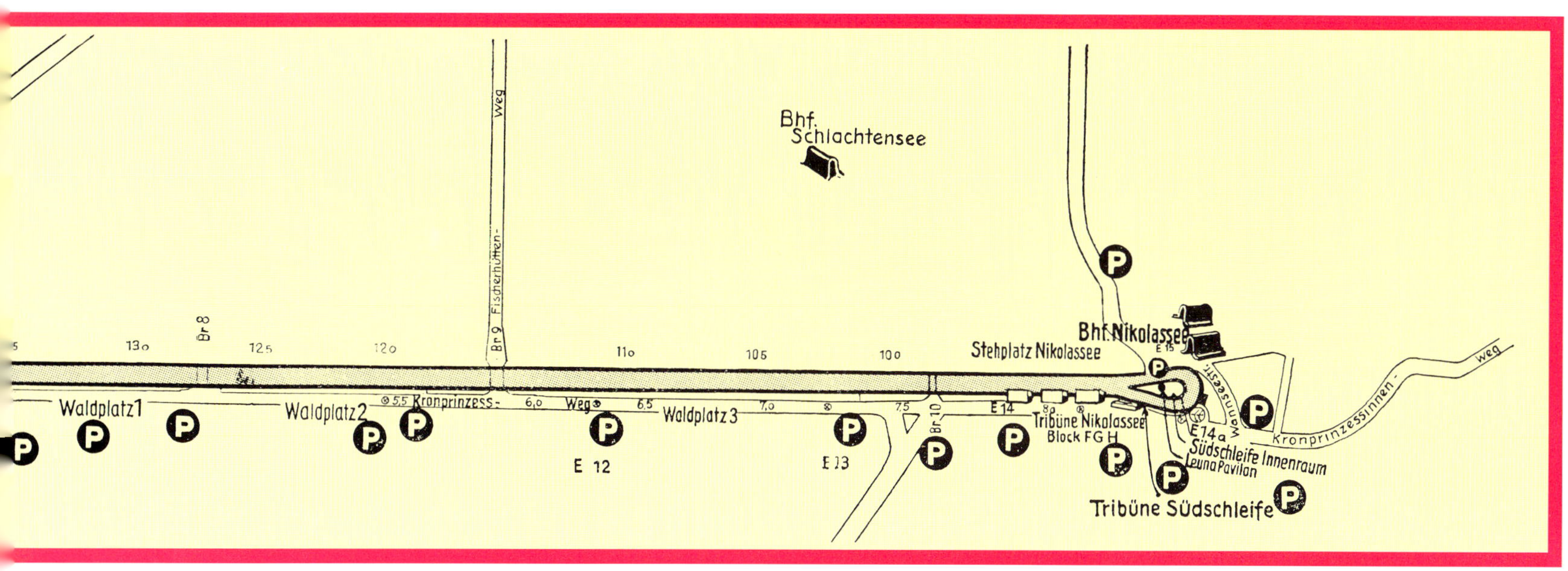

AVUS mit Steilkurve 1937, in einer Illustriertenveröffentlichung und einer Planskizze. Mit rund 180 km/h durchfahren, bringt die Klinkerwand einen Zeitgewinn von 30 Sekunden pro Runde gegenüber der alten, flachen Nordkurve. Für drei Jahrzehnte hatte Berlin ein neues Wahrzeichen.

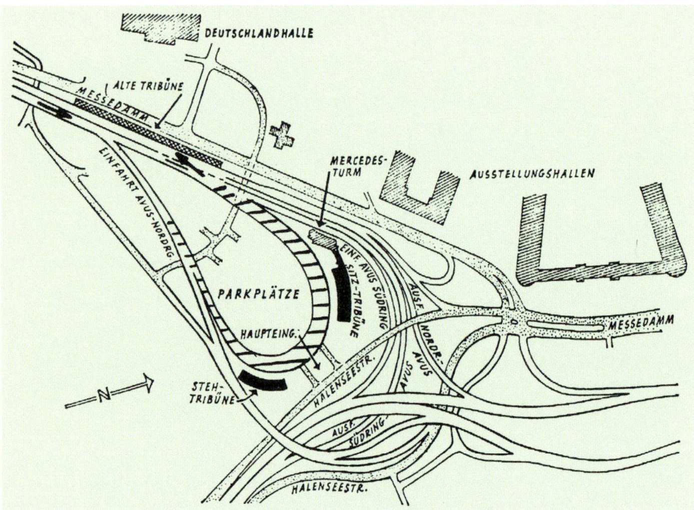

der Anschlußstelle Hüttenweg sechsspurig ausgebaut und beleuchtet.

1988
Das erste Rennen mit einer Rundenlänge von nur noch 4,88 Kilometern. Straßenbaumaßnahmen sind dazu nicht erforderlich, die Wagen fahren eine 180-Grad-Kehre.

1992
Nochmalige Verkürzung der Rennstrecke auf 2,64 Kilometer.

1995
Im Alltagsverkehr passieren in 24 Stunden durchschnittlich 78 000 Fahrzeuge in beiden Richtungen die AVUS, das erste Teilstück der A 115 zum Berliner Ring.

Mit einer neuen, nun wieder flachen Nordkurve begann 1971 die jüngste AVUS-Rennepoche. Im Alltag aber ist die Grunewaldpiste Autobahn, A115, südwestliche Ausfallstraße zum Berliner Ring. Vielbefahren und – gelegentlich – staugefährdet.

Die AVUS

Ein klassischer Kurs des internationalen Motorsports

Bis zum Ende der 50er Jahre war die Piste im Berliner Grunewald die schnellste Rennstrecke der Welt: die »Automobil-Verkehrs- und Übungsstraße« des kaiserlichen Deutschland, die dann – seit 1921 unter ihren Initialen »AVUS« – in die Geschichte des internationalen Motorsports eingegangen ist.

Sie war der Austragungsort des ersten Großen Preises von Deutschland. Hier startete Rudolf Caracciola seine glanzvolle Karriere, Manfred von Brauchitsch gewann zwischen Funkturm und Nikolassee sein erstes Rundstreckenrennen gegen internationale Konkurrenz, Hans Stuck ließ auf den beiden langen Geraden Weltrekorde purzeln, Hermann Lang weihte die berühmte und berüchtigte Steilkurve mit Durchschnittstempo 261 ein, und der junge Bernd Rosemeyer fuhr mit 276 Kilometern pro Stunde die schnellste Runde, die je in Berlin registriert werden konnte. AVUS-Wettbewerbe waren die gefürchteten Zerreißproben des Materials; Reifentechniker und Motorenkonstrukteure stellten sich dem gnadenlosen Test und empfingen neue Impulse zur Vervollkommnung des Automobils.

Als aus der Reichsmetropole die geteilte Stadt geworden war, jubelte das fachkundige Publikum für Weltmeister Juan Manuel Fangio und den sympathischen Franzosen Jean Behra, dessen tragischer Tod in der Steilwand die Berliner wenige Jahre später entsetzte. Jochen Rindt und Jack Brabham, Jo Siffert und Graham Hill, Bruce McLaren und Denis Hulme setzten sich am Steuer der immer leichter und zerbrechlicher werdenden Rennfahrzeuge mit den Problemen

AVUS 1935: neun Kilometer geradeaus, vom Funkturm nach Nikolassee und neun Kilometer zurück.

dieser Rennstrecke auseinander, die eigentlich nicht viel mehr darstellt als ein Stück Autobahn. Die bis heute eine eigene, ganz spezifische Atmosphäre hat: In Berlin zu starten, war und ist noch immer etwas Besonderes.

Die Geschichte der AVUS ist die Geschichte Berlins. Als die Inflation in den 20er Jahren, später die Weltwirtschaftskrise die Stadt erschütterten, herrschte zwischen den Großereignissen des Eröffnungsrennens 1921 und des Grand Prix von 1926, wie auch in den Folgejahren, auf der Grunewaldpiste immer wieder Flaute. Als das Nazi-Regime dann sehr rasch nach seiner »Machtergreifung« Rennsiege als Gelegenheit entdeckte, »deutsche Geistes- und Werkmannsarbeit« in der Welt zu propagieren, blühte dank staatlicher Finanzspritzen die Automobilindustrie und mit

Premiere am 24./25. September 1921. Zu den konkurrierenden Marken gehörten Fafnir (links) und Presto.

ihr der inzwischen gleichgeschaltete Motorsport. Die Automobilclubs hatten ihre Selbständigkeit verloren, auch auf der AVUS führte das »Nationalsozialistische Kraftfahrkorps«, NSKK, Regie.

Im Programmheft 1934 las man: »Die Initiative Adolf Hitlers, die Aktivität des von ihm berufenen Führers des deutschen Kraftfahrsports, haben alle Hindernisse aus dem Weg geräumt – jetzt ist die Straße frei zum deutschen Rennsport auf deutschen Wagen.« Bald beherrschten zwei konkurrierende Marken nahezu unangefochten die Szene: die Auto Union und Mercedes-Benz. »Man spürt die horrende Konzentration, das ungeheuer Straffe und Geordnete in den von überall her zusammengezogenen Kräften das Landes«, schrieb der amerikanische Romancier Thomas Wolfe. »Das Unheilverkündende liegt darin, daß diese Demonstration über die Erfordernisse des sportlichen Ereignisses hinausgeht.« Wolfe resümierte in diesen Sätzen seine Eindrücke von den Berliner Olympischen Spielen 1936 – auch für den deutschen Motorsport jener Jahre gäbe es keine treffendere

Motorsport in Reih und Glied: Die Männer des »NSKK« und die »Silberpfeile« aus Zwickau und Untertürkheim beim AVUS-Rennen 1935 (Startnummer 2: Varzi, Auto Union; Startnummer 6: von Brauchitsch, Mercedes).

Charakterisierung. Im Zeichen des NS-Gigantismus wurde ein Jahr später die AVUS-Steilkurve eingeweiht, mit einem Rennen, das wiederum von den beiden Werksmannschaften, von Mercedes-Benz und der Auto Union, dominiert wurde.

Einmal mehr gewann in Berlin ein Wagen mit dem Stern am Bug, diesmal mit Hermann Lang hinter dem Lenkrad; Bernd Rosemeyer und der Auto Union gelang es, mit der Rekordrunde eine Marke zu setzen, die die AVUS für 21 Jahre zur schnellsten Rennstrecke der Welt machte.

Zu einer Rennstrecke, die 1945, als das deutsche Fiasko seinen Höhepunkt überschritten hatte, von Bombentrichtern zerrissen und vom Schrott des Zweiten Weltkriegs gesäumt war. Nach Blockade, Währungsreform und der

Die neue, 12,42 Meter hohe AVUS-Nordkurve aus der Sicht des Karikaturisten.

1946: Das AVUS-Torhaus eine Ruine, Trümmer und Schrott des Zweiten Weltkrieges säumen die Piste, die Menschen gehen auf »Hamsterfahrt«.

1951 konnte die AVUS-Tribüne repariert und die Strecke notdürftig hergerichtet werden. Am 1. Juli fand das denkwürdige erste Nachkriegsrennen vor 350 000 Zuschauern statt, an ihrer Spitze Berlins Regierender Bürgermeister Ernst Reuter.

Begründung deutscher Zweistaatlichkeit wurde sehr schnell auch die AVUS zu neuem Leben erweckt. West- und ostdeutsche Sportler kämpften zwischen Funkturm und der neuen Südkehre an der Ausfahrt Hüttenweg um Siege und Plazierungen, Mercedes kehrte 1954 mit Formel-1-Boliden auf die Berliner Rennstrecke zurück, die AVUS war Austragungsort nationaler Meisterschaften und, 1959, noch einmal eines Großen Preises von Deutschland. Als 1961 die Stadt durch den Bau der Mauer endgültig, wie es schien, geteilt wurde, litt auch die AVUS zunehmend an Auszehrung, auch wenn noch immer klangvolle Namen in den Nennungslisten zu lesen waren. 1967 wurde die Nordkurve zur Verwirklichung eines modernen Verkehrskonzepts geschleift; die internationale Sportbehörde verweigerte ohnehin bereits seit 1963 Rennstrecken mit Steilkurven die Genehmigung für »Prädikatswettbewerbe«.

Die Zeiten hatten sich geändert, die AVUS, meinte man nicht nur in West-Berlin, hatte sich als Rennstrecke überlebt. Und Richard von Frankenberg, Journalist und AVUS-erfahrener Porsche-Pilot, schrieb in einem, wie sich dann freilich herausstellen sollte, verfrühten Epilog: »Die AVUS gehörte ohne allen Zweifel zu den ›klassischen‹ Rennstrecken. Zu denen, die weltbekannt waren. Die Tradition hatten. Und Atmosphäre.«

1967 wurde die Steilwand unter dem Funkturm, 30 Jahre lang ein Wahrzeichen der Stadt, geschleift. Im Journalistenclub des Springer-Verlagshauses in der Berliner Kochstraße erinnert ein Klinkerstein an die berühmt-berüchtigte AVUS-Nordkurve.

Die AVUS

Ein Lieblingskind der Berliner

»Die AVUS«, schrieb der erste Präsident der Bundesrepublik Deutschland, Professor Theodor Heuss, in seinem Grußwort zu einem Nachkriegsrennen auf der traditionsreichen Piste, »gehört als volkstümliche Stätte des Motorsports genauso zu den Wahrzeichen Berlins wie der nahe Funkturm an den Messehallen.« Und Klaus Schütz pries als Regierender Bürgermeister Anfang der 70er Jahre die AVUS, »die gerade ihren 50. Geburtstag gefeiert hat und sich im neuen Gewand präsentiert«, als »Lieblingskind der Berliner«.

Das war sie von Anfang an, auch wenn es schon zur Zeit der AVUS-Planung vor dem Ersten Weltkrieg und der Bauarbeiten gelegentlich Proteste gegen eine »Verschandelung des Grunewalds« gegeben hatte. In einem Bericht vom Eröffnungsrennen 1921 konnte man lesen: »Daß der

Tribünen-Publikum . . .

und Zaungäste. 1921 . . .

1951 . . .

1958 . . .

Maschinenarbeiter, dieser wesentliche Bestandteil in Berlins Bevölkerung, und überhaupt der höherstehende Arbeiter dem Autorennen Interesse entgegenbrachte, war vorauszusehen. Ebenso, daß die Gesellschaft und das in Berlin, was ›Gesellschaft‹ sein möchte, vollzählig auftrat. Überraschend aber war die ungemein starke Teilnahme der gesamten Berliner Bevölkerung sämtlicher Kreise und vor allem der unglaublich starke Zustrom von Fremden aus ganz Deutschland und dem Ausland.« Beim Großen Preis von Deutschland 1926 wurde die Besucherzahl bereits auf 230 000 geschätzt, die meisten lagerten auf Decken und Feldstühlen im Grünen und ließen sich auch vom Regen nicht vertreiben. 1937, bei der Einweihung der Steilkurve, wurden über 300 000 Zuschauer gezählt. Eine Zahl, die beim AVUS-Comeback nach dem Zweiten Weltkrieg 1951 noch einmal übertroffen wurde: 350 000 erlebten die Wiedergeburt ihrer traditionellen Rennstrecke.

1962.

Mit der zunehmenden Abschnürung West-Berlins im Kalten Krieg bis hin zum Mauerbau 1961 gingen die Besucherzahlen zurück, das Hinterland fehlte. Hinzu kam, daß sich

Auch nach dem Umbau der Nordkurve ist die AVUS attraktiver Austragungsort von Prädikatsläufen der Formel-Rennwagen . . .

nach dem Todessturz des Franzosen Jean Behra im Sportwagenrennen 1959 kritische Stimmen mehrten, die nicht nur die AVUS mit ihrer extremen Steilkurve in Frage stellten, sondern den Motorsport generell. Eine Diskussion, die so alt ist wie das Automobil und immer wieder entflammt, wenn ein Unfall Anlaß zum Nachdenken gibt. Alles in allem schien sich die AVUS als Rennstrecke spätestens 1967 überlebt zu haben, als die Nordkurve abgetragen und die Grunewaldpiste an das Netz der Stadtautobahn angeschlossen wurde.

Doch es kam anders: Totgesagte leben länger, der umstrittene Kurs erlebte eine neue Blüte. Hatten in der Vergangenheit – von Ausnahmen abgesehen – der Automobilclub von Deutschland, AvD, und der Deutsche Motorsport Verband, DMV, die Renngeschichte der AVUS geschrieben, so war es nun der Allgemeine Deutsche Automobil-Club, der ADAC, der die Geschicke des Berliner Motorsports als AVUS-Veranstalter – ganz im Sinne des sportbegeisterten Publikums – in die Hände nahm. Zwar zeichneten 1971 beim ersten Test der »neuen« AVUS mit einer flachen, im Vergleich zur früheren Streckenführung engeren Nordkurve noch einmal alle drei Verbände verantwortlich und feierten gemeinsam mit 25 000 Fans auf den Tribünen das 50jährige Bestehen ihrer Berliner Rennstrecke. Seit 1977 jedoch ist es allein der Aktivität des ADAC zu verdanken, daß Berlin aus dem Terminkalender des deutschen Motorsports nicht verschwunden, sondern im Gegenteil wieder ein attraktiver Austragungsort von Rennveranstaltungen geworden ist. Und ein sicherer. Der ADAC Berlin sorgte schon in den 80er Jahren für dreifache Leitplanken entlang der gesamten Strecke, für Fangzäune und eine geschützte Boxenstraße. Maßnahmen, die Jahr für Jahr entsprechend neuer Erkenntnisse fortgeführt wurden.

Mit Beharrlichkeit und Kompetenz setzten sich die Sportfunktionäre gegen Widerstände und Hindernisse durch, die zunehmend mit Argumenten des Umweltschutzes begründet wurden. Selbstverständlich wurde dabei berechtigten Forderungen immer wieder Rechnung getragen. So werden auf der Grundlage eines 1975 ergangenen Urteils des Oberverwaltungsgerichts Berlin AVUS-Rennen nur mit restriktiven Auflagen genehmigt, höchstens zwei Veranstaltungen im Jahr, nicht jedoch in den Sommermonaten und nur bei Einhaltung einer zweistündigen Mittagspause, »um die Lärmbeeinträchtigung ... auf ein erträgliches Maß zu reduzieren«.

Seit dem 1. Januar 1983 fungiert der ADAC als Hausherr der AVUS-Tribüne, seit der Übernahme der alleinigen Verantwortung für den AVUS-Motorsport ist er bemüht, den Kurs modernen Erfordernissen anzupassen und die Strecke für Fahrer und Teams ebenso wie für das Publikum attraktiver zu machen. Dazu mußten die langen Autobahngeraden gekürzt werden, die schon zu »klassischen« AVUS-Zeiten als »materialmordend« und dabei »fahrerisch uninteressant« kritisiert worden waren. 1989 konnte der ADAC Konsequenzen ziehen und die Rundendistanz annähernd halbieren; drei Jahre später wurde der heutige 2,64-Kilometer-Kurs zum ersten Mal gefahren – zur Freude der Piloten, die ihre Motoren weniger strapazieren müssen, zur Freude aber auch der Zuschauer, denen nun pausenlos »action« geboten wird. Auf diese Weise hat sich die AVUS einen festen Platz in der Internationalen Deutschen Tourenwagen-Meisterschaft, der DTM, errungen, der nach dem Formel-1-Championat populärsten Rennserie. 1993 wurde der ADAC Berlin-Brandenburg für die beste Organisation einer DTM-Veranstaltung ausgezeichnet; auch wenn AVUS-Rennen »noch immer etwas Besonderes« sind, brauchen sie Vergleiche dennoch nicht zu scheuen.

... und der Boliden der Deutschen Tourenwagen-Meisterschaft geblieben, deren Organisation 1993 das AVUS-Rennen des ADAC Berlin-Brandenburg als herausragende Veranstaltung der Saison mit einem Pokal würdigte.

Daran ändert auch eine spektakuläre, aber glimpflich abgelaufene Massenkarambolage nichts, mit der die Berliner Piste erneut ins Gerede gekommen ist. Der ADAC weiß sich eins mit seinem AVUS-Publikum und den vielen Fans, die AVUS-Rennen, weit über die Grenzen der Region hinaus, am Fernsehgerät verfolgen, wenn er unverändert an die Zukunft des hauptstädtischen Rennkurses glaubt. Dennoch bemüht sich der Club seit dem Fall der Mauer, das Projekt eines Motodroms im stadtnahen brandenburgischen Umland zu realisieren, um eines Tages auch die »Königsklasse« des internationalen Motorsports, die Formel 1 mit der Fahrer-Weltmeisterschaft, wieder in Berlin präsentieren zu können.

PNEUMATIK
Continental
15

Die wilden 20er

Opel 8/25

Leicht wurde dem jungen Fritz von Opel der Klassensieg bei der AVUS-Premiere am 24. September 1921 nicht gemacht. Entscheidend für den ersten Platz in der Fahrzeuggruppe mit Motoren bis zu 8-Steuer-PS und stehenden Ventilen war seine Kurventechnik; Runde für Runde jubelten ihm die Berliner auf den vollbesetzten Tribünen zu, wenn er ausgangs der Nordschleife den Konkurrenten davonfahren konnte. Durchschnittsgeschwindigkeit: 128,840 km/h – ein Tempo, das in den folgenden Läufen auch von größeren Klassen nicht mehr erreicht wurde. Es war der erste Tag des ersten Renn-Wochenendes auf der AVUS, und schon an jenem ersten Abend stand fest, daß die Grunewaldstrecke trotz mancher Mängel des Belags ihre Bewährungsprobe bestanden hatte. Nahezu alle deutschen Marken waren vertreten. Die Adam Opel Automobilwerke in Rüsselsheim waren nicht nur die größte, sondern auch eine besonders sportfreudige Firma, die seit 1906 an zahlreichen Veranstaltungen teilnahm, häufig mit gutem Erfolg. Man baute schon vor dem Ersten Weltkrieg regelrechte Grand Prix-Rennwagen, man setzte in der Nachkriegszeit aber auch Sportwagen ein, die auf motorisch frisierten und mit Rennkarosserien versehenen Tourenmodellen basierten. Ein solches Auto war der 8/25, mit dem Fritz von Opel antrat, eine spezielle Sportversion des normalen offenen Sechs- bis Siebensitzers, wie er 1921/22 für 110 000 bis 135 000 Mark zu kaufen war. Die Torpedo-ähnliche Rennkarosse hat die Zeitläufte nicht überdauert, zumal die Firma nach Umwandlung in eine Aktiengesellschaft und Übernahme durch General Motors 1928 den Sport aufgab.

Opel 8/25: 4-Zylinder-Reihenmotor, 2 Liter Hubraum, ca. 25 PS bei 1600 U/min
Höchstgeschwindigkeit: ca. 75 km/h, in der Rennversion über 100 km/h

Im Besitz der Adam Opel AG

rechts unten: Fritz von Opel mit der Startnummer 14, Gruppensieger – Klasse VIII A – im Eröffnungsrennen am 24. September 1921 auf der Grunewaldpiste.
Der Opel-Fahrer Friedrich Breckheimer belegt im Rennen der Gruppe X A – Motoren bis zu 10 Steuer-PS – am 25. September 1921 den zweiten Platz.
Doppelseite 30/31: Fritz Zerbst am Lenkrad eines NAG C4, des erfolgreichen Rennwagens der Nationalen Automobil-Gesellschaft in Berlin-Oberschöneweide, vor dem AVUS-Torhaus ausgangs der Nordkurve beim ersten »Grunewaldrennen« 1921.

12
Automobilrennen
Breckheimer, II. Sieger im Rennen, auf

14

NAG C4

25. September 1921: Zweiter Tag der ersten Rennveranstaltung auf der AVUS, der Automobil-Verkehrs- und Übungsstraße vor den Toren Berlins. Ein Fanfarensignal kündigt den Beginn des Hauptrennens an, das von elf Wagen der Gruppe XA bestritten wird: 10-Steuer-PS bei maximal 950 Kilogramm Gewicht, Motorkonstruktionen mit seitlich gesteuerten Ventilen. Acht Runden, ca. 160 Kilometer, sind zu absolvieren. Die Favoriten heißen Opel und NAG. Nach hartem Kampf geht der grün-weiße Wagen der Nationalen Automobil-Gesellschaft vor dem von Friedrich Breckheimer gefahrenen Opel-Renner als erster über die Ziellinie. Christian Riecken, NAG-Ingenieur und -Rennfahrer, hatte die Qualitäten seiner Konstruktion eindrucksvoll beweisen können. »Und was diesem Erfolg seine besondere Bedeutung hinsichtlich der allgemeinen Beurteilung der NAG-Fabrikate verleiht«, hieß es in einem Kommentar des Oberschöneweider Werkes, »ist der Umstand, daß der Sieg von einem normalen serienmäßig hergestellten NAG-Tourenwagen erstritten wurde, denn nur unwesentliche Veränderungen, die durch die Rennvorschriften zugelassen und geboten waren, waren an ihm vorgenommen worden.« Aus dem Model C4 hatte Riecken den Typ C4b entwickelt, dessen Motorleistung mit 45 PS bei 2800 U/min angegeben wurde. Mit diesem Sportwagen siegte Christian Riecken 1924 beim 24-Stunden-Rennen in Monza, ein Erfolg, der zu weiteren Verbesserungen Mut machte. 1926, beim Großen Preis von Deutschland auf der Berliner AVUS, belegte Riecken auf NAG »Monza« den ersten Platz in der 3-Liter-Klasse und Rang zwei im Gesamtklassement hinter dem Mercedes des jungen Rudolf Caracciola. Mit diesem hervorragenden Ergebnis endete die kurze Geschichte dieses klassischen deutschen Sportwagens jener ersten Hälfte der 20er Jahre.

NAG C4: 4-Zylinder-Reihenmotor mit seitlich gesteuerten Ventilen, 2536 ccm Hubraum, 33 – 40 PS (C4b: mindestens 45 PS)
Höchstgeschwindigkeit: ca. 80 km/h (C4b: über 100 km/h)

Im Besitz des Museums für Verkehr und Technik, Berlin

rechts oben: AVUS-Eröffnung am Wochenende des 24./25. September 1921 mit den Rennversionen der NAG-Tourenwagen am Startplatz.
rechts unten: NAG-Konstrukteur Christian Riecken auf seiner Siegesfahrt. Neben ihm hockt der vom Reglement vorgeschriebene Beifahrer. Der fast ein Meter hohe Pokal belohnt den NAG-Klassensieg.

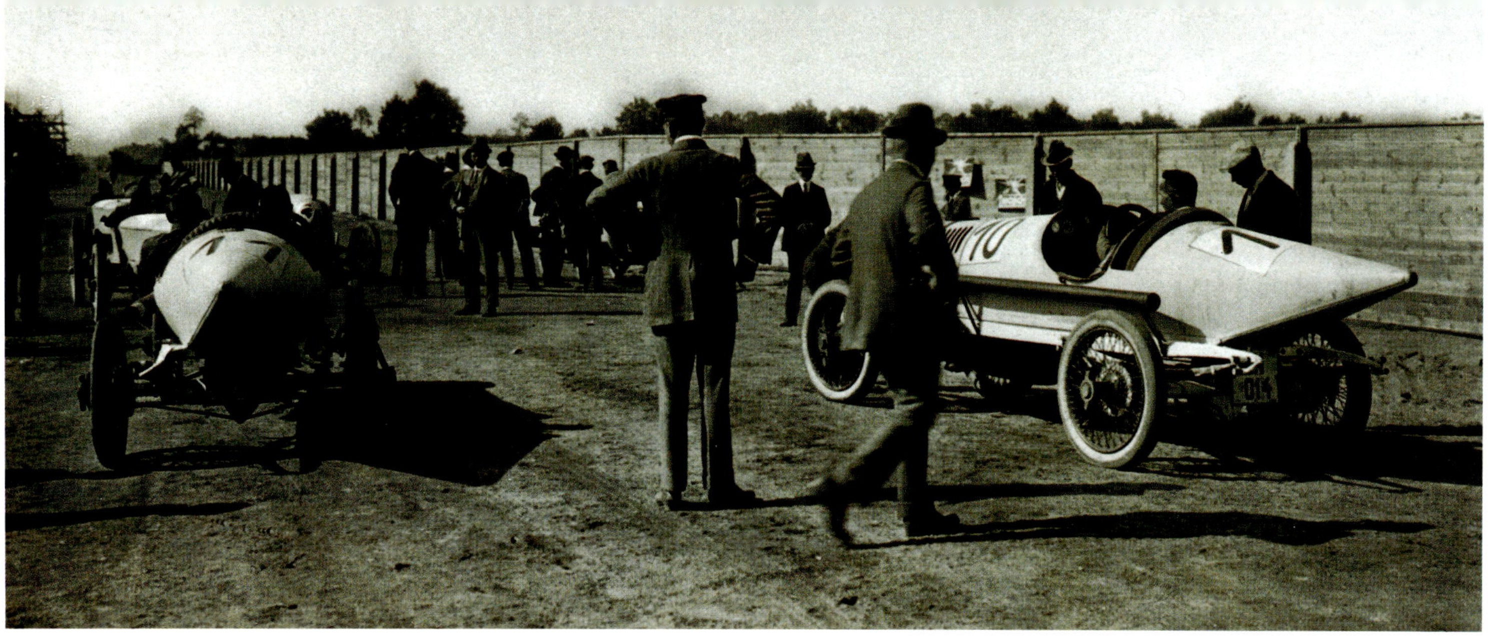

NSU 6/60 Kompressor

Vier NSU auf den Plätzen eins bis vier der kleinen Klasse bis 1500 ccm beim Großen Preis von Deutschland am 11. Juli 1926 auf der Berliner AVUS! Im Gesamtklassement lagen die Autos aus Neckarsulm an fünfter, siebenter, achter und zehnter Stelle. Klöble, Scholl, Islinger und Müller hießen die Piloten, denen es so souverän gelungen war, die auch nicht langsame Konkurrenz der Brennabor, Bugatti, Talbot, OM und Chiribiri in Schach zu halten. Mit diesem Sieg setzte NSU die AVUS-Tradition des ambitionierten Werkes fort: Schon bei den »Kleinwagenrennen« der Jahre 1923 und 1924 hatten die NSU-Sportwagen auf der AVUS die Nasen vorn, damals noch mit dem 1,3-Liter-Modell, dessen Leistung gegenüber der normalen Sportausführung mit 30 PS durch den Einsatz eines Roots-Gebläses auf 40 bis 50 PS gesteigert werden konnte. Das Prinzip, ein Serienfahrzeug mit relativ geringem technischen Aufwand zu einem Wettbewerbswagen »hochzufrisieren«, hatte funktioniert, und, vom Erfolg motiviert, ging das NSU-Konstruktionsbüro 1925 daran, einen 6-Zylinder mit 1,5 Liter Hubraum zu entwickeln, wie der kleinere Vorgänger auf Kompressorbetrieb ausgelegt. Im AVUS-Rennen erreichten die weißen NSU Spitzengeschwindigkeiten um 175 km/h. Als die Neckarsulmer Fahrzeugwerke AG, seit 1926 NSU Vereinigte Fahrzeugwerke AG, in wirtschaftliche Schwierigkeiten geriet, mußte zuerst der Sport aufgegeben werden; als auch die Produktion der 6-Zylinder-Gebrauchswagen das Werk überforderte, wurde schließlich der gesamte Automobilbau bei NSU eingestellt.

NSU 6/60 Kompressor: 6-Zylinder-Reihenmotor, 1,5 Liter Hubraum, Roots-Kompressor, 60 PS
Höchstgeschwindigkeit: 175 km/h
Baujahr 1926

Im Besitz der NSU GmbH Neckarsulm

rechts oben: Das NSU-Aufgebot beim Start der 1,5-Liter-Klasse zum AVUS-Rennen um den »I. Großen Preis von Deutschland« am 11. Juli 1926.
Startnummer 37 – Ernst Islinger ausgangs der Nordkurve.
rechts unten: Startnummer 32 – Georg Klöble in der Nordkurve.
Die NSU-Boxen mit den erfolgreichen Teams, die in ihrer Klasse die Plätze eins bis vier belegen.

32
NSU

32

29
32

Brennabor 6/20 Kompressor

Brennabor – der wendische Name für Brandenburg, die Havelstadt, in der die Marke beheimatet war. In den 20er Jahren tauchte sie in den Nennungslisten von AVUS-Veranstaltungen regelmäßig auf. So gewann Werksfahrer Jacobs beim »Kleinwagenrennen« 1922 vor der Opel-Konkurrenz und seinen eigenen Teamkollegen Bagasch und Mitzlaff die Klasse der 8-Steuer-PS auf dem Typ 8/24; 1926 waren zwei Brennabor 6/20 in der Klasse bis 1500 ccm am Start, mit Mitzlaff am Steuer und Carl Reichstein, Direktor und Mitglied der Gründerfamilie des Unternehmens, das 1871 zunächst mit der Produktion von Kinderwagen begonnen hatte, später Fahr- und Motorräder baute und seit 1909 auch Automobile. Zahlreiche Sporterfolge, vor allem in Langstreckenwettbewerben, machten die Marke auch im Ausland populär, in Deutschland gehörte Brennabor zu den führenden Unternehmen. Bis zu 120 Wagen wurden täglich am Fließband montiert, Anfang der 30er Jahre auch 6- und 8-Zylinder-Typen. 1934 zwangen Absatzschwierigkeiten zur Einstellung der Automobilproduktion. Der Typ S, 6/20 PS, wurde von 1922 bis 1925 gebaut; das dargestellte Exemplar ist eines von dreien, die 1925 in einer Kompressorversion für Sporteinsätze hergestellt wurden. Auf verschlungenen Wegen, fast schrottreif, gelangte der Rennwagen schließlich in die Hände seines heutigen Besitzers, der ihn in mühevoller, langwieriger und aufwendiger Handarbeit originalgetreu restauriert. Die Arbeit ist nicht beendet; das Detailfoto läßt ahnen, wieviel Einsatz erforderlich ist, um einen Oldtimer im alten Glanz erstrahlen zu lassen.

Brennabor 6/20: 4-Zylinder-Reihenmotor, 1,5 Liter Hubraum, 20 PS (ohne Kompressor)
Höchstgeschwindigkeit mit Kompressor: 85-90 km/h

In Privatbesitz

rechts oben: Sogenannte »Kleinautorennen« sind in den frühen AVUS-Jahren populäre Veranstaltungen, an denen die Brandenburger Marke stets beteiligt ist.
rechts unten: »Fototermin« beim Training zum AVUS-Rennen am 10./11. Juni 1922 mit den Brennabor-Fahrern Mitzlaff (Startnummer 16), dem späteren Klassensieger Jacobs (12) und Bagasch (19).

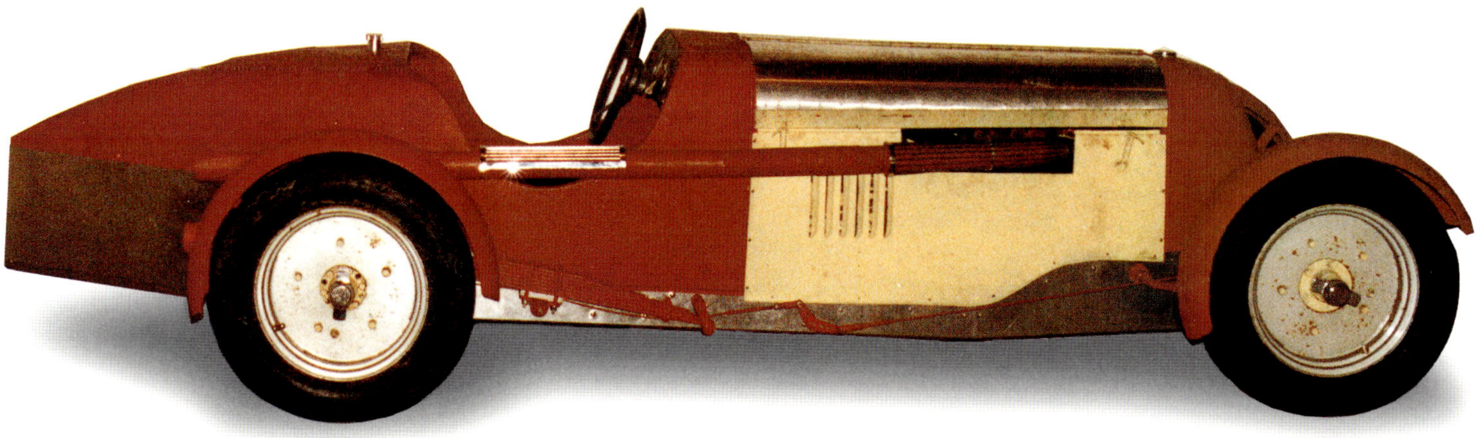

TETRALITBENZOL
AUTOMOBIL-
IE-4920

Mercedes-Benz 2-Liter-8-Zylinder

AVUS, 11. Juli 1926. Punkt 14 Uhr gibt die Flagge den Start frei zum I. Großen Preis von Deutschland, ausgeschrieben nach einer freien Sportwagenformel, veranstaltet vom Automobilclub von Deutschland. Am Steuer eines der beiden mächtigen Mercedes würgt ein junger, bisher erst in einigen Bergrennen erfolgreicher Nachwuchsfahrer in seiner Aufregung den Motor ab: Rudolf Caracciola. »Los...raus...schieben!«, brüllt er seinem Beifahrer zu. Bis der weiße Bolide mit der Startnummer 14 nach einer viel zu langen Minute anspringt, ist die Konkurrenz auf und davon. Auf der langen Geraden allerdings in Richtung Nikolassee und zurück zum Funkturm, dem jüngsten Wahrzeichen der Reichshauptstadt, zeigt der Mercedes, was in ihm steckt: Erst einmal auf seinem für die Zeit extrem hohen Drehzahlniveau, beschleunigt der von Ferdinand Porsche konstruierte Motor den regelkonform mit vier Sitzplätzen ausgestatteten »Sportwagen« auf annähernd Tempo 210. Unter 5000 Touren allerdings gibt die Maschine kaum verwertbare Leistung ab – kein Wunder, daß der Start schiefging. Verbissen kämpft sich Caracciola nach vorn, rollt das Mittelfeld auf, als über dem Grunewald ein Wolkenbruch niederprasselt. »Die Straße wurde glatt, wie eingeseift, von jener furchtbaren Glätte, die wir schon beim Training gefürchtet hatten«, schildert der junge Mann später die Bedingungen, unter denen er seinem ersten AVUS-Sieg entgegenfuhr. Es gießt in Strömen, als Adolf Rosenberger, mit dem zweiten Mercedes an der Spitze des Feldes, in der Nordkurve die Kontrolle über seinen Wagen verliert und in ein Zeitnehmerhäuschen schleudert. Dort gibt es Tote; es gibt weitere Ausfälle auf der Strecke, und für Caracciola ist die Prüfung noch längst nicht beendet: Tankaufenthalt in Runde acht, Zündkerzenwechsel in Runde elf, in der dreizehnten Runde dann neuer AVUS-Rekord: 154,8! Endlich die schwarzweiß-karierte Flagge nach endlosen zwanzig Runden, der Fahrer am Rand der Erschöpfung. Daß er als Sieger abgewinkt wurde, begreift Rudolf Caracciola, von nun an der »Regenmeister«, erst später.

Mercedes-Benz 2-Liter-8-Zylinder: 8-Zylinder-Motor, zwei obenliegende Nockenwellen, vier Ventile pro Zylinder, 1980 ccm Hubraum, Roots-Kompressor, 170 PS bei 7000 U/min
Höchstgeschwindigkeit: 210 km/h

rechts oben: Der Mercedes mit der Startnummer 14 – Caracciolas AVUS-Sportwagen, mit dem er als »Newcomer« 1926 gleich den Großen Preis von Deutschland gewinnt.
rechts unten: »Caratsch« am Startplatz.
Tragödie in Runde 7 – Adolf Rosenberger schleudert mit seinem Mercedes ausgangs der Nordkurve in die Rundenzählanlage und ein Zeitnehmerhäuschen.

14

nach der 4. Runde
Nr. Km/Std
I 19 156,0
II 42 154,6
III 36 151,0

OMOBIL-STRASSE
14

Auf Rekordjagd

Opel RAK 2

Nachbau des Raketenfahrzeugs, mit dem Fritz von Opel am 23. Mai 1928 bei einer Demonstrationsfahrt Tausende von Schaulustigen an die AVUS lockte. »Ehe man sich's versieht«, notierte ein Reporter, »brüllte plötzlich ein donnerähnlicher Schrei aus den hinteren Raketenrohren, eine viele Meter lange Feuergarbe schießt wie ein feuriger Kometenschweif aus dem Hinterteil des Gefährts heraus, und während sich geschützdonnerähnlich Detonationen jagen, ist in einem Augenblick alles in dichten Rauch und Nebel gehüllt.« Fritz von Opel – auch am Lenkrad von Rennwagen seiner Firma erfolgreich, AVUS-Sieger im Eröffnungsrennen 1921 – erreichte zwischen Funkturm und Nikolassee eine Höchstgeschwindigkeit von mehr als 230 km/h. Auf die Idee des von Raketen angetriebenen Straßenfahrzeugs hatte ihn der damals mit Flüssigkeitsraketen experimentierende Ingenieur und »Raumschiffbauer« Max Valier gebracht; Fritz von Opel bediente sich für sein Projekt jedoch der von der Firma Cordes-Sander in Wesermünde entwickelten Seenot-Feststoffraketen. Nach Testfahrten mit einem ersten Raketenwagen RAK 1 kam es zur Vorstellung von RAK 2 mit tragflächenähnlichen, negativ angestellten Stabilisierungsflossen in Berlin; weitere Versuche verliefen weniger erfolgreich, auch das öffentliche Interesse flaute bald ab. Das Originalfahrzeug RAK 2 ist verschollen.

Opel RAK 2: 24 Feststoffraketen mit 21 kg Sprengstoff im Heck, Zündung mit dem Fuß durch elektrische Rastenschaltung, Schubkraft: 0,4 t
Höchstgeschwindigkeit: über 230 km/h

Im Besitz der Adam Opel AG

OPEL

rechts und Doppelseite 42/43: Beschleunigung auf AVUS-Tempo 230! Fritz von Opel im RAK 2-Cockpit, mit 24 Pulverraketen im Rücken.

OPEL
RAK
2

OPEL
RAK
2

OPEL
2

BMW 2-Zylinder-Boxer

Die Geschichte der Rekordfahrten auf der AVUS wurde von Automobil-Rennfahrern geschrieben – mit einer Ausnahme: Der Allgäuer Ernst Henne fuhr in Berlin Motorrad-Weltrekorde. Seit er in München BMW-Händler geworden war, startete er in Rennen und eben auch bei zahllosen Rekordfahrten für die weiß-blaue Marke. Bereits in seiner ersten Saison holte er 1926 den deutschen Meistertitel in der 500-ccm-Klasse, er siegte bei internationalen Veranstaltungen wie der »Targa Florio« oder den »Sixdays«, er gab ein erfolgreiches Gastspiel auf vier Rädern als Mitglied des Mercedes-Benz-Grand Prix-Teams oder bei Sportwagenrennen mit dem BMW 328, einen Namen aber machte er sich vor allem durch seine Geschwindigkeitsrekorde auf BMW-2-Zylinder-Boxermaschinen mit Kompressor. Zwischen 1929 und 1937 stellte er insgesamt 76 Weltrekorde auf, am 21. und 22. Mai 1932 und ein Jahr später, am 20. Mai 1933, auch auf der AVUS. Es ging auf der schnurgeraden Berliner Piste jeweils über fünf Kilometer mit fliegendem Start, auf Solo-BMWs, einmal auch mit einer Beiwagenmaschine. In den Klassen bis 500, 750 und 1000 ccm erreichte er 1932 Geschwindigkeiten von 198,15 bzw. 218,71 km/h, 1933 von 230,282 km/h. Seine letzte Bestmarke von 279,5 km/h setzte er mit einer verkleideten Maschine im November 1937 auf der Autobahn Frankfurt-Darmstadt, ein Rekord, der erst 1951 überboten wurde. Im einsamen Kampf gegen die Uhr, sagt Ernst Henne, habe er jedesmal »soviel Nerven verbraucht wie bei zehn Rennen«. Am 22. Februar 1994 feierte der Zweirad-Pionier bei guter Gesundheit seinen 90. Geburtstag.

Weltrekord-BMW: 2-Zylinder-Motor mit Kompressor, 750 ccm Hubraum, 102 PS bei 6000 U/min
Höchstgeschwindigkeit: 256 km/h

Im Besitz der BMW AG, München

rechts oben: Anfang der 30er Jahre fährt Ernst Henne Weltrekorde auch auf der Berliner AVUS noch mit unverkleideter Maschine, aber gelegentlich mit aerodynamischen Hilfsmitteln an Helm und Körper.
rechts unten: Pose für die Fotografen – der schnellste Motorradfahrer der Welt mit seiner 750-ccm-BMW.

16-Zylinder Auto Union

Mit ersten und zweiten Plätzen auf europäischen Grand Prix-Pisten hatte das Geschoß aus Zwickau bereits eine erste, erfolgreiche Saison hinter sich, als der P-Rennwagen mit Hans Stuck, dem Star der Auto Union-Fahrerequipe, im Oktober 1934 nach Berlin kam. An das AVUS-Rennen im Frühjahr allerdings wollte man sich lieber nicht erinnern: Falsche Taktik und technische Defekte waren schuld an einer der wenigen Niederlagen des Jahres. Jetzt wollte man mit neuen Weltrekorden an die Rekordfahrten vom 6. März anschließen, bei denen »Hänschen« Stuck mit einem Gesamtschnitt von 217,11 km/h und Spitzengeschwindigkeiten von 270 km/h auf dem Grunewaldkurs neue internationale Bestmarken gesetzt hatte. Dr. Ferdinand Porsche, der Konstrukteur des nach ihm mit einem »P« benannten 16-Zylinder Auto Union, war mit in die Reichshauptstadt gereist, um beim Kampf gegen die Stoppuhr zu assistieren. Sein sensationelles Heckmotor-Konzept hatte die Fachwelt überrascht; von den Fahrern forderte die Neukonstruktion mehr als durchschnittliches Können. Nur wenige Asse waren in der Lage, die Leistung des 16-Zylinders über eine längere Distanz auszunutzen. Neben Achille Varzi, dem Italiener im Team, und später dem deutschen Draufgänger Bernd Rosemeyer war es vor allem Stuck, der den zwischen 800 und 900 Kilogramm schweren Rennwagen auch im Grenzbereich zu bändigen wußte. Am 20. Oktober war es dann soweit: Der Grand Prix-Rennwagen mit den vier Ringen am Bug, speziellen »Windableitern« hinter den Vorderrädern und einem Spitzheck als »Windsteuer« ging auf die abgesperrte AVUS zur Rekordfahrt über 50 Kilometer, 50 Meilen und 100 Kilometer. Als Kraftstoffmangel die Sekundenjagd beendete, hatte die Auto Union in allen Kategorien neue Maßstäbe gesetzt, der bisherige Rekord über die 100-km-Strecke war sogar um fast 30 Kilometer auf eine Durchschnittsgeschwindigkeit von 244,910 km/h verbessert. Insgesamt konnten die Zwickauer mit ihrer P-Konstruktion 19 Weltrekorde verbuchen; bis 1939 wurde der ständig weiterentwickelte 16-Zylinder-Heckmotorwagen in 54 Rennen eingesetzt, von denen er 32 gewinnen konnte.

16-Zylinder Auto Union: 16-Zylinder-V-Motor mit Roots-Gebläse, 4360 ccm Hubraum, 295 PS bei 4500 U/min
Höchstgeschwindigkeit: 270 km/h

AUTO UNION

rechts: Im März und Oktober 1934 läßt Hans Stuck mit dem Auto Union-»Silberpfeil« auf der AVUS reihenweise Weltrekorde purzeln. Unter den Gratulanten (rechts vorn, zum Fahrer gebeugt) Dr. Ferdinand Porsche, der Konstrukteur des Heckmotorwagens.

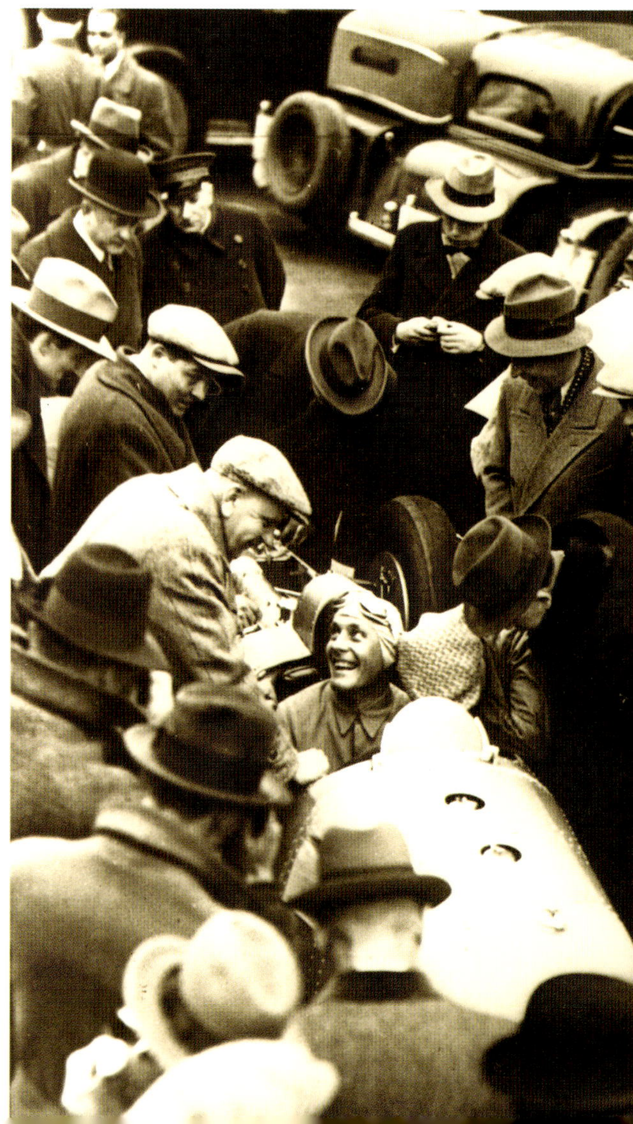

Die frühen 30er

Bugatti Typ 37

Zehn Runden, 196,56 Kilometer, hatten die Rennwagen bis 1500 ccm am 2. August 1931 auf der mit einem neuen Belag aufpolierten und entsprechend schneller gewordenen AVUS zu fahren. Am Start französische Marken, Salmson und die Wagen aus dem elsässischen Molsheim, die Bugattis. Der Typ 37 wurde seit 1926 gebaut, insgesamt eine Produktion von 300 Rennfahrzeugen mit dem charakteristischen hufeisenförmigen Kühler, 80 davon in einer leistungsstärkeren Kompressor-Version. In Deutschland waren die Autos des Ettore Bugatti seit langem populär, die Berliner Hans-Joachim von Morgen und Ernst-Günther Burggaller, Prinz Hermann zu Leiningen und Adolf Brudes aus Breslau waren bekannte Fahrer und auf der AVUS mit dabei. Schon im Training hatte es sich gezeigt, daß es bei den inzwischen erreichbaren Geschwindigkeiten diesmal auf die Reifen ankommen würde. Tatsächlich wurde es ein Rennen der Ausfälle, das der Zigarettenfabrikant Hans Lewy, ein weiterer prominenter Bugatti-Pilot, erst in der letzten Runde für sich entscheiden konnte. Die Durchschnittsgeschwindigkeit des Siegers: 150,38 km/h. Auch in der großen Klasse waren sieben Bugattis im Feld, die sich jedoch dem von Rudolf Caracciola bewundernswert gefahrenen Mercedes geschlagen geben mußten. Erst knapp zwei Jahre später, am 21. Mai 1933, schlug die große Stunde der Molsheimer, als der Franzose Jean Pierre Veyron die kleine Klasse gewann und der Italiener Achille Varzi in der Klasse über 1500 ccm der Konkurrenz mit seinem 4,9-Liter-Grand Prix-Kompressor-Rennwagen des Typs 54 mit über 275 PS und einer Höchstgeschwindigkeit von 250 km/h uneinholbar davonfahren konnte.

Bugatti Typ 37: 4-Zylinder-Reihenmotor, 2 Einlaß-, 1 Auslaßventil je Zylinder, 1500 ccm Hubraum, 70 PS, mit Roots-Kompressor 100 PS
Höchstgeschwindigkeit: 150 bzw. 170 – 195 km/h

In Privatbesitz

BUGATTI

rechts oben: 1933 – das Jahr der Molsheimer auf der AVUS.
rechts unten: Bugatti-Duell in der Nordkurve! Am 21. Mai 1933 überholt Achille Varzi (Startnummer 32) den Grafen Stanislaus Czaykowski (33) und gewinnt das AVUS-Rennen.
Doppelseite 50/51: Manfred von Brauchitsch auf einem, von den Berlinern »Zigarre« genannten Stromlinien-Mercedes siegt 1932 vor Rudolf Caracciola auf Alfa Romeo. Für »Illus«-Leser hat Pressezeichner Theo Matejko die Dramatik des AVUS-Rennens eingefangen.

Mercedes-Benz SSK

Das Traumauto der späten 20er und frühen 30er Jahre. Hatte 1926 auf der AVUS Rudolf Caracciola den Großen Preis von Deutschland noch auf einem von Ferdinand Porsche entwickelten 2-Liter-8-Zylinder-Mercedes gewonnen und damit den Grundstein zu seiner Rennfahrerkarriere gelegt, so dominierten seit 1927 die neuen, ebenfalls von Porsche konstruierten Touren- und Sportwagen der S-, SS-, SSK- und SSKL-Baureihen (S = Sport, SS = Super-Sport, K = kurz, L = leicht). Sie vereinten in ihren »zivilen« Versionen Fahrsicherheit und Bequemlichkeit mit hoher Leistung und waren als Rennsportwagen mit bis zu 300 PS bei relativ niedrigen Drehzahlen, entsprechend ihrer Herkunft aus Alltagsfahrzeugen, sehr bald die gefürchtete Konkurrenz der Grand Prix-Bugatti und -Alfa Romeo. Unmöglich, alle Erfolge dieser Modelle aufzulisten, unmöglich, alle Fahrer zu nennen, die mit den Mercedes-S-Wagen antraten und siegten. Auf der AVUS war es 1931 noch einmal Rudolf Caracciola, der auf einem Werkswagen als erster die Ziellinie überquerte, ein Jahr später dann, als das Werk aus wirtschaftlichen Gründen auf einen Einsatz verzichten mußte, Manfred von Brauchitsch. Er hatte einen privaten SSKL mit einer vom Freiherrn von Koenig-Fachsenfeld entworfenen Stromlinienkarosserie an den Start gebracht und in einem dramatischen Duell mit dem für die Saison 1932 zu Alfa Romeo übergewechselten Caracciola zum Sieg gefahren. Durchschnittsgeschwindigkeit: 194,4 km/h!

Mercedes-Benz SSK: 6-Zylinder-Reihenmotor mit zuschaltbarem Roots-Gebläse, 7 Liter Hubraum, 170 PS bei 2900 U/min ohne Kompressor, 220 PS bei 3300 U/min mit Kompressor
Höchstgeschwindigkeit: 192 km/h
Baujahr 1929 – 1932, Produktion 33 Stück

Im Besitz des Mercedes-Benz Museums, Stuttgart

rechts unten: Am 2. August 1931 gewinnt Rudolf Caracciola auf Mercedes SSK das AVUS-Rennen und verbessert seinen Streckenrekord von 1926 auf 185,705 km/h. »Caratsch«, Startnummer 37, vor den überfüllten Tribünen der Nordkurve.

Udet U 12 »Flamingo«

1925 entwickeltes und etwa 200mal gebautes Schulflugzeug. International bekannt wurde der Flamingo durch den roten D-822, mit dem der Weltkriegspilot Ernst Udet vollendeten Kunstflug zeigte. Im Mai 1932 kam es zu einem privaten Wettbewerb zwischen Rennwagen und Flugzeug, Brauchitsch-Mercedes contra Udet-Flamingo auf bzw. über der Berliner AVUS. Manfred von Brauchitsch erinnert sich in seinem Buch »Ohne Kampf kein Sieg«: »Die damalige Spitzengeschwindigkeit lag bei etwa 220 Stundenkilometern. Es war gar nicht so einfach, dabei den Blick von der Straße zu nehmen und auf das über mir fliegende Flugzeug zu lenken. Als ich startete, befand sich Udet bereits in der Luft und flog über die Nordschleife der AVUS. Mit toller Geschwindigkeit kam ich die Gerade entlanggerast und überholte ihn. Meine Kiste ... machte unheimlichen Krach, und der Kompressor heulte entsetzlich. Dazu kam jetzt noch das dröhnende Motorengeräusch dicht über mir. ... Dann gab ich Vollgas und merkte auch, wie ich langsam Vorsprung gewann. Glückselig stellte ich fest, daß seine Klamotte nicht so schnell war wie mein Wagen. Als wir uns einige Stunden später im Restaurant ›Horcher‹ in der Lutherstraße trafen, begrüßten wir uns mit strahlenden Augen wie zwei Jungens, denen ein besonders unverfrorener Streich geglückt war.«

Udet U 12 »Flamingo«: Doppeldecker in Sperrholzbauweise
Siemens-Motor mit 80 oder 100 PS
Geschwindigkeitsbereiche 75 bis 150 km/h

rechts: Wett-Ergebnis – der Kunstflieger Ernst Udet am Steuerknüppel seines »Flamingo« muß sich Manfred von Brauchitsch am Lenkrad eines Mercedes SSK beim AVUS-Duell geschlagen geben!

UDET
Siemens-
Motor

Alfa Romeo 8C 2300 Monza

Als 1931 der Typ 8C auf den Rennstrecken erschien, war die Hegemonie der Bugatti bei den Grand Prix sehr schnell gebrochen. Es begann mit einem Doppelsieg beim heimischen Großen Preis von Italien in Monza, dem die Konstruktion des genialen Vittorio Jano ihren Namen verdankte. Es entstand eine Fülle von Varianten, so daß kaum zwei Monza-Modelle völlig identisch waren. Der bis 1934 gebaute 8-Zylinder, den es als zweisitzigen Sportwagen und als Rennwagen gab, war bei der Crème der Fahrer bald außerordentlich beliebt, auch der Deutsche Rudolf Caracciola, Sportwagen-Europameister des Jahres 1931, gehörte zu den Monza-Piloten. Als Mercedes-Benz aus wirtschaftlichen Gründen jede Werksbeteiligung in der Rennsaison 1932 abgesagt hatte, unterschrieb »Caratsch« einen Vertrag mit der Mailänder Firma. Am Volant eines 8C stellte er sich am 22. Mai 1932 der Konkurrenz seiner früheren Teamgefährten auf der Berliner AVUS: Hans Stuck und Manfred von Brauchitsch brachten private, technisch nicht mehr auf dem jüngsten Stand befindliche Mercedes SSKL an den Start. Brauchitsch versuchte, durch eine – von den Berlinern »Zigarre« oder »Gurke« getaufte – Stromlinienverkleidung zusätzlich Tempo zu gewinnen. So wurde das Rennen in seiner zweiten Hälfte zu einem faszinierenden Duell der beiden Fabrikate und ihrer Star-Piloten. Erst am Ende der 15. Runde löste sich die Spannung auf den überfüllten AVUS-Tribünen. Die Stimme des Kommentators überschlug sich, als sich die Wagen zum letzten Mal der Nordschleife näherten: »... von Brauchitsch führt vor Caracciola! Das ist eine Überraschung .... eben kommt der silberne Pfeil, der schwere, wuchtige des Manfred von Brauchitsch ...«. Reichte es mit dem Monza auf der AVUS nur zum zweiten Platz, so gewann Rudolf Caracciola mit dem Nachfolgetyp P3 noch im gleichen Jahr den Großen Preis von Deutschland auf dem Nürburgring.

Alfa Romeo 8C 2300 Monza: 8-Zylinder-Reihenmotor mit Kompressor, 2336 ccm Hubraum, 165 PS bei 5400 U/min, später 178 PS
Höchstgeschwindigkeit: 210 bzw. 225 km/h
Baujahr 1931

Im Besitz des Museo Alfa Romeo, Arese

rechts oben: Noch liegt Rudolf Caracciola vorn, in der Saison 1932 ausnahmsweise für Alfa Romeo am Start. Bis er, buchstäblich auf den letzten Metern, die Führung und den AVUS-Sieg dieses 22. Mai 1932 seinem Mercedes-Konkurrenten Manfred von Brauchitsch überlassen muß, der ihm bereits dicht auf den Fersen ist.

Alfa Romeo Tipo B aerodinamica

Auf der Grundlage des erfolgreichen Typs 8C entstand in Mailand der »Tipo B«, auch als »P3« bekannt. Der erstmalig mit einer einsitzigen Rennkarosserie gebaute Wagen trat 1932 an, mit einem ganz neuen Motor mit zwei kleinen Kompressoren und zunächst 2654 ccm Hubraum, der 1934 auf 2905 ccm vergrößert wurde, um mit der mit Spannung erwarteten neuen deutschen Rennwagen-Generation von Mercedes-Benz und der Auto Union konkurrieren zu können. Wie sich am 27. Mai auf der Berliner AVUS zeigte, konnte man nicht nur mithalten, sondern siegen. Das deutsche Debakel hatte damit begonnen, daß die Untertürkheimer »Silberpfeile« aufgrund negativer Trainingserfahrungen zurückgezogen wurden. Ein taktischer Fehler in Form eines überflüssigen Reifenwechsels bei der Auto Union warf dann im Rennen Hans Stuck und August Momberger, die beiden Piloten der Zwickauer Boliden, so weit zurück, daß die folgende Aufholjagd zwar das Publikum begeisterte, aber die Wagen überforderte. Stuck fiel aus, Momberger hatte nur noch den vierten Gang. Doppelsieg also für die roten Renner aus Mailand, für den Italiener Achille Varzi der zweite, für den jungen Franzosen Guy Moll der erste Platz. Moll fuhr ein eigens für die Berliner Hochgeschwindigkeitspiste präpariertes P3-Modell »carrozzeria aerodinamica«, einen Tipo B mit besonders windschlüpfriger Karosserie. Mit seinem AVUS-Erfolg und vielen guten Plätzen im Verlauf der Saison war er der Held des Jahres 1934, sehr zum Ärger der braunen Machthaber in Deutschland, die auf der Rennstrecke der Reichshauptstadt einen deutschen Sieg feiern wollten.

Alfa Romeo Tipo B: 8-Zylinder-Reihenmotor mit zwei Kompressoren, 2905 ccm Hubraum, 255 PS bei 5400 U/min
Höchstgeschwindigkeit: 262 km/h
Baujahr 1934

Im Besitz des Museo Alfa Romeo, Arese

rechts unten: Auto Union und Alfa Romeo heißen die Gegner beim AVUS-Rennen 1934. Am Start der rote Tipo B mit spezieller AVUS-Karosserie (64) neben der Zwickauer Heckmotor-Konstruktion.

64
L
64

Schwachpunkt Reifen

Als Manfred von Brauchitsch, Sieger im dramatischen AVUS-Finish des Jahres 1932, ein Jahr später seinen Erfolg wiederholen wollte, waren es die Reifen, die sich den Anforderungen der Strecke nicht länger gewachsen zeigten. Schon in der zweiten Runde mußte Brauchitsch zum ersten Mal an die Box, es folgten weitere Reifenwechsel in der vierten, siebenten, neunten und zwölften Runde. Es ging für den Mercedes-Piloten nicht mehr um die Plazierung, es ging nur noch ums Ankommen. Dennoch gab es für den Deutschen am Ende noch einen sechsten Platz; die Konkurrenz der Bugattis und Alfas war von Reifenschäden eben auch nicht verschont geblieben. Die Pneus gaben der Belastung durch hohes Wagengewicht - Brauchitschs antiquierter SSKL wog 1775 Kilogramm! – und extreme Geschwindigkeiten auf den langen AVUS-Geraden – Schnitt des Siegers Achille Varzi auf Bugatti 206,840 km/h! – nach, die Protektoren flogen immer wieder in Fetzen von den freistehenden Reifen der Monoposti und gefährdeten die Piloten. Auch in den Folgejahren blieben die Reifen trotz aller Anstrengungen der Industrie ein ausschlaggebender Schwachpunkt. Die Renntaktiker kalkulierten: »Rund 400 PS müssen durch die dünnen Reifenhüllen an die Fahrbahn übertragen werden. ... Bei 250 km Geschwindigkeit wirbeln die Räder schon mit 2000 Umdrehungen pro Minute über die Bahn. Bei 320 km Geschwindigkeit sind es über 2500 Umdrehungen. Mit Hunderten von Kilogramm Zugkraft reißt das dünne Gummiprofil an der Reifenkarkasse.« Fazit: Materialschonendes Fahren war ebenso wichtig wie Spitzentempo. Solche Zurückhaltung verhalf 1935 Luigi Fagioli, Mercedes, vor Alfa Romeo und Auto Union zum verdienten AVUS-Sieg: »Wenn man die Haltbarkeit eines Reifens mit 100 Prozent ansetzt, dann bin ich als ›Rennmathematiker‹ eben nur bis 95 Prozent gegangen. Das ist das ganze Geheimnis...«

rechts: Hochbetrieb an den AVUS-Boxen – Reifen und schnelle Reifenwechsel sind in den 30er Jahren auf der Grunewaldpiste rennentscheidend. »Guter Rat für Manfred von Brauchitsch« betitelt dann auch die »Allgemeine Automobil-Zeitung« ihre Karikatur.

Das schnellste Rennen

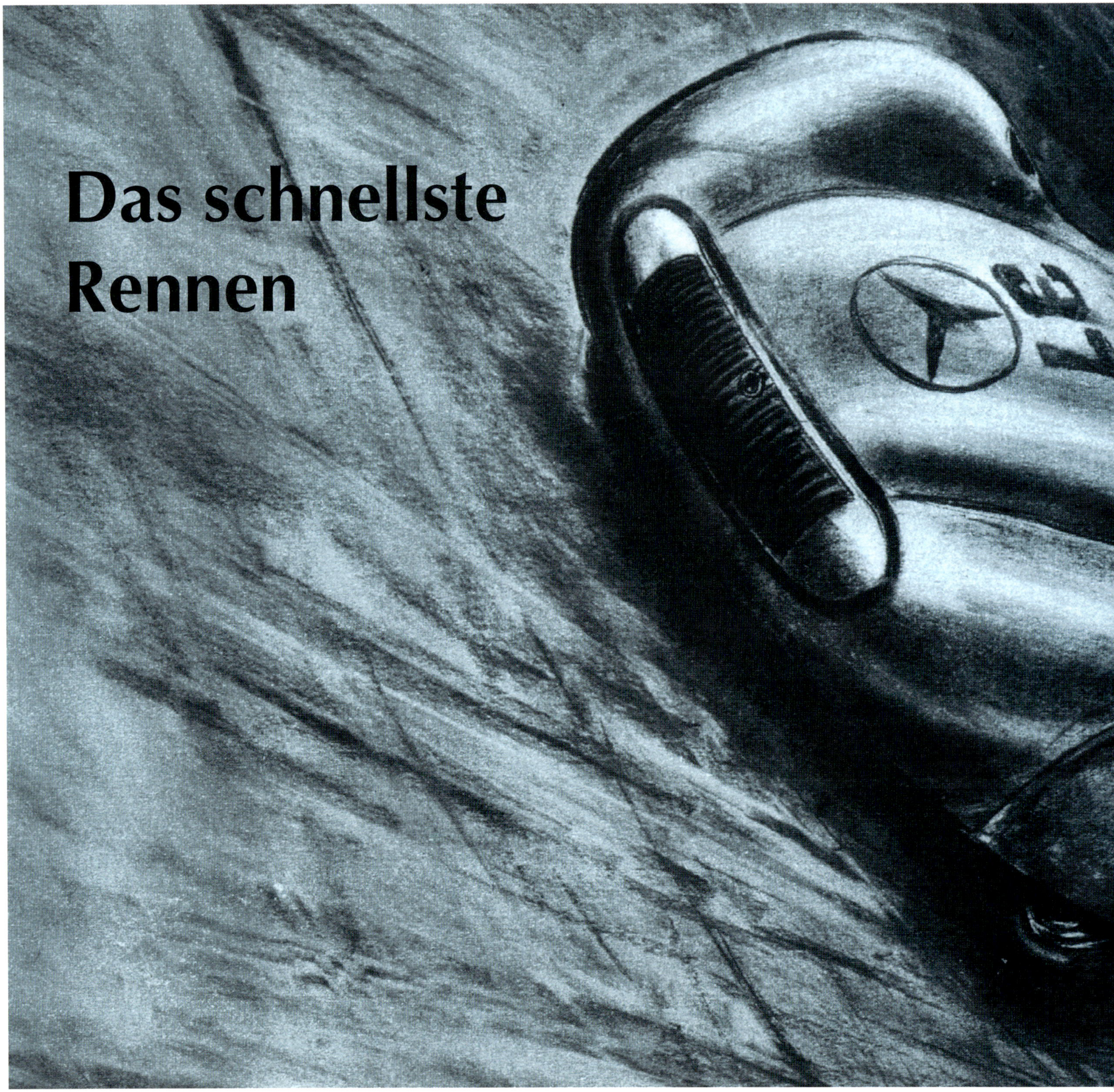

Auto Union Typ C

Das AVUS-Rennen 1937 zur Einweihung der neuen, überhöhten Nordkurve wurde nicht nach dem Grand Prix-Reglement ausgetragen. So konnten die beiden konkurrierenden Marken – die Auto Union und Mercedes-Benz – sowohl mit reinen Monoposti als auch mit sogenannten »Rennlimousinen«, Wagen mit speziellen Stromlinienkarosserien, an den Start gehen. Von den vier Zwickauer Boliden waren zwei verkleidet, zwei waren Grand Prix-Modelle mit freistehenden Rädern. Alle gingen zurück auf den von Ferdinand Porsche schon 1932 konstruierten, von der Auto Union 1934 zu AVUS-Rekordfahrten mit Hans Stuck im Cockpit eingesetzten revolutionären Mittelmotor-Rennwagen, der seitdem vom ursprünglichen P-Modell und dem A-Wagen zum C-Typ weiterentwickelt worden war. Das in drei Läufen ausgetragene AVUS-Rennen wurde von Mercedes gewonnen, die schnellste Runde fuhr jedoch Bernd Rosemeyer auf einem Stromlinien-Auto Union: 276,4 Kilometer pro Stunde als Durchschnitt, das bedeutete Spitzengeschwindigkeiten von 380 Stundenkilometern auf den Geraden! 300 000 Zuschauer verfolgten im ersten Vorlauf das mit Spannung erwartete Duell der Asse Rosemeyer und Caracciola. In Runde fünf fuhr »Caratsch« in der Steilkurve oben und konnte den Auto Union-Piloten überholen, Rosemeyer kam zwar noch einmal am Mercedes vorbei, mußte sich beim Endspurt jedoch erneut geschlagen geben. Der Italiener Luigi Fagioli, der im zweiten Durchgang die zweite Zwickauer »Rennlimousine« fuhr, schied mit Getriebeschaden aus, Rudolf Hasse und Ernst von Delius, die Piloten der Auto Union-Monoposti, landeten im Hauptlauf noch vor Bernd Rosemeyer auf den Plätzen zwei und drei. Die Stromlinienwagen sind verschollen, einer der offenen C-Typen hat als Chassis mit Motor überlebt und wurde 1979/80 von der Audi AG vollständig wieder aufgebaut. Am 8. Mai 1980 konnte der einzige noch existierende C-16-Zylinder der Öffentlichkeit unweit der AVUS in den Berliner Messehallen unter dem Funkturm auf der »AAA« präsentiert werden. Seitdem steht er im Münchener Deutschen Museum.

Auto Union Typ C: 16-Zylinder-V-Motor mit Roots-Gebläse, Zylinderwinkel 45 Grad, 6005 ccm Hubraum, 520 PS bei 5000 U/min
Höchstgeschwindigkeit: über 380 km/h

In Besitz des Deutschen Museums, München

rechts: Steilkurven-Premiere am 30. Mai 1937. Die schnellste Runde im schnellsten Rennen der Welt fährt Bernd Rosemeyer auf dem Stromlinien-Auto Union mit der Startnummer 31.
Doppelseite 64/65: Carlo Demand hat den Kampf der Giganten in der AVUS-Steilwand, Mercedes contra Auto Union – mit dem Zeichenstift festgehalten.

31

31

4
Deutsches Museum

4

Mercedes-Benz W 25

Fünf Boliden brachte der Mercedes-Rennstall am 30. Mai 1937 auf die AVUS, die durch den Bau der Steilkurve anstelle der flachen Nordschleife nochmals schneller geworden war. Neue Rekordmarken wurden erwartet, und als der Tag zu Ende ging, war die Berliner Rennstrecke erneut und mit Abstand die schnellste der Welt. 21 Jahre lang wurden die auf der Grunewaldpiste gefahrenen Geschwindigkeiten nirgends übertroffen. Der Held des denkwürdigen Renntages hieß Hermann Lang. Am Steuer eines W 25, Startnummer 37, mit Stromlinienkarosserie und einem 8-Zylinder unter der langen Fronthaube, hatte der 28jährige Canstatter ein Durchschnittstempo von 261,648 Kilometern pro Stunde vorgelegt – schneller wurde erst im Juni 1958 im italienischen Monza gefahren. Auch die Mercedes-Stars Rudolf Caracciola und Manfred von Brauchitsch saßen beim AVUS-Rennen in Stromlinienwagen, die Nachwuchspiloten »Dick« Seaman und Geoffredo Zehender, der wegen eines Motorschadens im Training nicht starten konnte, fuhren normale Grand Prix-Versionen des W 25. Zwei Motor-Varianten hatte Alfred Neubauer, der gewiefte Untertürkheimer Rennleiter, aufgeboten: das 12-Zylinder-Triebwerk aus dem Rekordfahrzeug des Vorjahres und einen 8-Zylinder-Reihenmotor, der mit seiner Spitzengeschwindigkeit von 380 Kilometern pro Stunde dem »Hermännle« zum Sieg verhalf. Vorher waren zwei Ausscheidungsläufe zu absolvieren. Den ersten entschied Rudolf Caracciola für sich, nach hartem Rad-an-Rad-Kampf mit Bernd Rosemeyer, dem schnellsten Mann auf Auto Union. Den zweiten gewann Manfred von Brauchitsch, nachdem er auf den letzten Metern ausgangs der Nordkurve gerade noch eine Kollision mit dem Auto Union-Monoposto von Rudolf Hasse vermeiden konnte. Im Endlauf standen sich dann vier Mercedes-Benz, drei Auto Union und ein einsamer Maserati gegenüber. Nach Ausfällen von Caracciola und von Brauchitsch übernahm Lang die Führung, die er souverän verteidigte. Im Jubel von 300 000 Zuschauern passierte er als erster das Ziel.

Mercedes-Benz W 25: 8-Zylinder-Reihenmotor, 5660 ccm Hubraum, 664 PS bei 5800 U/min
Höchstgeschwindigkeit: ca. 380 km/h

Im Besitz des Mercedes-Benz Museums, Stuttgart

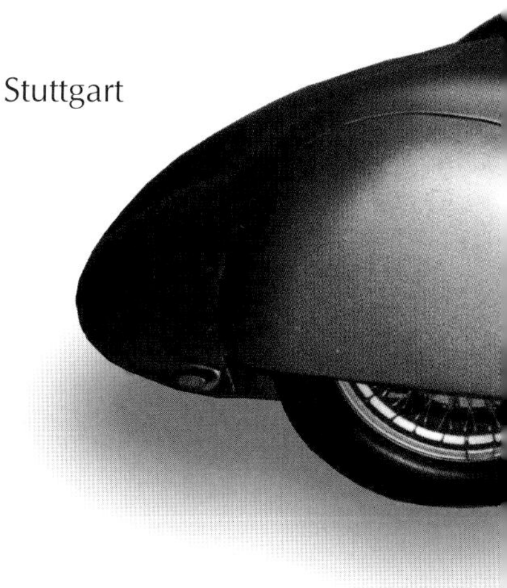

rechts oben: Start zum Endlauf des Internationalen AVUS-Rennens am 30. Mai 1937 vor dem Hintergrund der neuen, überhöhten Nordkurve.
rechts unten: Kurvenkampf in der Südschleife. Startnummer 36, Manfred von Brauchitsch, hier noch vor seinem Teamkollegen Hermann Lang.
Startnummer 37, der Sieger Hermann Lang, Mercedes, in der mit Klinkersteinen gepflasterten Steilwand. Der Zeit entsprechend, hat ein martialischer Adler den üblichen Siegespokal ersetzt.

36

37
37

Zwischenspiel

BMW 328

Nicht auf der AVUS, sondern auf dem Nürburgring begann die Geschichte des Typs 328 der Bayerischen Motoren Werke, eines der erfolgreichsten Sportwagen der Automobilhistorie. Der Motorrad-Weltrekordfahrer Ernst Henne trat 1936 beim Eifelrennen mit dem neuen BMW an und machte den Newcomer auch gleich zum Gesamtsieger der Sportwagenklasse. Zwei Jahre später bestritten neun BMW 328 ein Rennen im Berliner Grunewald, eine eher provinzielle Veranstaltung, vergleicht man sie mit den großen AVUS-Ereignissen der Jahre zuvor. Der Grund, daß man zum 22. Mai 1938 außer Motorrad-Wettbewerben nur ein Sportwagenrennen ausgeschrieben hatte, lag darin, daß die Strecke »für moderne Renngeschwindigkeiten zu schmal geworden« war – eine befremdliche Argumentation angesichts der Tatsache, daß die AVUS 1936/37 gerade mit erheblichem Aufwand zur Erzielung von Höchstleistungen ausgebaut worden war. Zum anderen aber ging es darum, daß die zweibahnige Grunewaldstraße an den rund um die Hauptstadt geführten Berliner Autobahnring angeschlossen werden sollte. So fuhren die Sportwagen zum ersten Mal die »Zwischenschleife«, die den Kurs auf 8,3 Kilometer verkürzte; der Sieger hieß Kurt Illmann. Es war die letzte AVUS-Veranstaltung vor dem Zweiten Weltkrieg. BMW hatte in vier Jahren 462 Exemplare des zweisitzigen 328-Roadsters produziert, die nicht nur hervorragende Sportinstrumente für Privatfahrer darstellten, sondern zum Preis von 7400 Reichsmark auch attraktive Straßensportwagen waren. Der 80-PS-Motor mit seinem völlig neu entwickelten Alu-Zylinderkopf machte das wendige, temperamentvolle Fahrzeug im internationalen Renngeschehen nahezu unschlagbar in der 2-Liter-Sportwagenkategorie. Noch im Kriegsjahr 1940 krönte ein Sieg bei der Mille Miglia, dem legendären 1000-Meilen-Rennen über italienische Landstraßen, die Sportkarriere des Typs 328. Nach 1945 diente der Münchener Roadster als Grundlage zahlreicher Sport- und Rennfahrzeugkonstruktionen, der Veritas, AFM, EMW und vieler anderer mehr.

BMW 328: 6-Zylinder-Motor, 1971 ccm Hubraum, 80 PS bei 5000 U/min
Höchstgeschwindigkeit: 150 km/h

Im Besitz der BMW AG, München

rechts oben: Otto Trittel ist einer von neun Privatfahrern, die das Sportwagenrennen am 22. Mai 1938 auf der AVUS bestreiten.
rechts unten: BMWs unter sich – driftend in der erstmals als südlicher Wendepunkt benutzten »Zwischenschleife« und, wie auf Schienen, in der Steilkurve unter dem Funkturm.
Doppelseite 70/71: Baustelle AVUS – die alte Südschleife in Nikolassee muß 1939/40 dem Anschluß der Grunewaldpiste an den Berliner Autobahnring weichen.

IM-54205
IM-54205

M-54205

Suixtil

Der Neubeginn

Veritas Meteor Formel 2

Initiator und Motor der Veritas-Produktion, zuerst im Badischen, dann am Nürburgring beheimatet, war der ehemalige BMW-Techniker Ernst Loof. Unterstützt von Freunden begann er im Nachkriegsjahr 1947, aus Wracks und wenigen aus der Münchener Rennabteilung geretteten BMW-328-Teilen Autos zu bauen, Sportwagen und seit 1950 auch Formel-2-Fahrzeuge. 1951, beim ersten Rennen auf der wiederhergestellten AVUS nach dem Zweiten Weltkrieg, unterlag in der Formel 2 Vorjahresmeister Toni Ulmen auf einem Veritas Meteor nur wegen eines Reifendefektes dem DDR-Piloten Paul Greifzu auf einem BMW-Eigenbau. 1952 trat dann der Stuttgarter Verleger Paul Pietsch in Berlin mit einem Veritas Formel 2 an, den er sich aerodynamisch eigens für das AVUS-Rennen von Ernst Loof hatte vorbereiten lassen, als »Vollstrom-Liner« aus Aluminiumblech und mit einer kleinen Plexiglaskuppel, die zum Einstieg abgenommen wurde. Rund 30 000 Mark ließ sich Pietsch das Einzelstück kosten. Auf der AVUS blockierten dann in der letzten Trainingsrunde ausgangs der Nordkurve die Vorderräder leicht. »Ich machte einen Riesensatz durch die Luft und überschlug mich ein paarmal mit 150 Sachen. Hätte ich keinen Sturzhelm aufgehabt, ich läge wohl nicht mehr hier«, erzählte er später im Krankenhaus. Das Stromlinien-AVUS-Coupé mit der Startnummer 127 war nur noch ein Schrotthaufen. Später wurde das kostbare Unikat wieder originalgetreu aufgebaut und landete schließlich im Besitz eines Schweizer Sammlers. Als kleine Genugtuung für Veritas gab es 1952 in der Sportwagenklasse mit dem Nürnberger Fritz Rieß am Lenkrad einen AVUS-Sieg. Paul Pietsch, der schon in den 30er Jahren Formelrennsport betrieben hatte und zu den bekannten deutschen Privatfahrern gehörte, der 1951 auf Meteor Deutscher Meister geworden war, ließ sich seinen Enthusiasmus auch durch das AVUS-Pech nicht nehmen. Ernst Loof jedoch hatte sich mit dem Meteor-Projekt und der Entwicklung eines eigenen Doppelnockenwellenmotors übernommen. Im August 1953 waren die »Veritas Automobilwerke« am Ende.

Veritas Meteor Formel 2 mit AVUS-Karosserie: 6-Zylinder-Motor, 1988 ccm Hubraum, 155 PS bei 6500 U/min
Höchstgeschwindigkeit: ca. 240 km/h

In Privatbesitz

rechts oben: Startaufstellung zum Rennen der Formel 2 am 12. Juli 1953. Im Veritas-Cockpit mit der Startnummer 24 sitzt Theo Helfrich, der am Ende hinter seinem Markenkollegen Hans Klenk und dem Sieger Jacques Swaters, Ferrari, Platz drei belegt.
rechts unten: Der Stromlinien-Formel-2 von Paul Pietsch nach dem Trainingsunfall 1952.
Beim Rennen der 2-Liter-Sportwagenklasse am 28. September 1952 sorgen zwei Veritas-Piloten für Spannung, Toni Ulmen mit der Startnummer 2 und der spätere Sieger, Fritz Rieß, Startnummer 6.
Doppelseite 74/75: Siegerehrung – Berlins Regierender Bürgermeister Ernst Reuter gratuliert dem Engländer John Cooper, der auf seiner eigenen Stromlinienkonstruktion das Formel-3-Rennen vom 12. Juli 1953 nach einer dramatischen Aufholjagd gewonnen hat.

START DUNLOP Reifen
BOSCH

150

DUNLOP
BOSCH
BOSCH
6
2

127

Mercedes-Benz W 196

Mit einer neuen Generation von Formel 1-»Silberpfeilen« kehrte Mercedes 1954 in den internationalen Rennsport zurück. Mit neuen Wagen und neuen Männern in den Cockpits; die »alte Garde« mit Rudolf Caracciola an der Spitze war abgelöst worden. Nur Alfred Neubauer, der legendäre Rennleiter der 30er Jahre, blieb im Amt. Von ihm souverän dirigiert, starteten die unter Leitung von Rudolf Uhlenhaut entwickelten 1000 Kilogramm-Boliden zu einer einzigartigen Siegesserie. Mit zahlreichen technischen Neuerungen unter der je nach den Notwendigkeiten der Strecke aerodynamisch optimierten Karosserie: schräg eingebauter Einspritzmotor mit desmodromischer Ventilsteuerung, Fünfganggetriebe und Differential als Block an der Hinterachse, großdimensionierte Bremsen in Achsenmitte. Schon der erste Auftritt beim Großen Preis von Frankreich in Reims geriet zum Triumph: Doppelsieg mit Juan Manuel Fangio und Karl Kling an den Lenkrädern, nach hartem Kampf mit den schnellen Ferraris. Am 19. September 1954 auf der AVUS beim Großen Preis von Berlin hatten die Untertürkheimer leichteres Spiel, lediglich ein betagter Gordini Formel 2 unter Jean Behra konnte das Tempo der drei Mercedes wenigstens eine Zeitlang mithalten. Es siegte Karl Kling vor Juan Manuel Fangio und dem jungen Stuttgarter Nachwuchsfahrer Hans Herrmann. In der Saison 1955 ergänzten dann der Engländer Stirling Moss und Piero Taruffi aus Italien das Werksteam. Der argentinische Starpilot Fangio holte sich mit dem W 196, der nicht nur mit der Stromlinienkarosserie wie auf der AVUS, sondern meist als Monoposto mit freistehenden Rädern gefahren wurde, 1954 und 1955 zwei seiner fünf Weltmeistertitel. Nach insgesamt zehn siegreich beendeten Großen Preisen zog sich Daimler-Benz im Herbst 1955 für die folgenden dreieinhalb Jahrzehnte vom Formel-1-Sport zurück.

Mercedes-Benz W 196: 8-Zylinder-Einspritzmotor, 2,5 Liter Hubraum, 256 PS bei 8260 U/min
Höchstgeschwindigkeit: über 300 km/h

Im Besitz des Mercedes-Benz Museums, Stuttgart

rechts oben: Karl Kling, der Sieger beim AVUS-Comeback der Mercedes-»Silberpfeile« 1954 in der Nordkurve.
rechts unten: Das Untertürkheimer Aufgebot mit Juan Manuel Fangio, Startnummer 2, Karl Kling (4) und Hans Herrmann (6).
Rennleiter Alfred Neubauer mit letzten Instruktionen für seinen argentinischen Star-Piloten Juan Manuel Fangio.

4
6
2

Gordini Typ 16

Als am 19. September 1954 Mercedes sein AVUS-Comeback mit drei Formel-1-«Silberpfeilen« beging, stahl ihnen ein unscheinbarer Formel-2-Rennwagen fast die Schau. Der Franzose Jean Behra mit der Startnummer 14 versuchte auf seinem zwei Jahre alten, mit 155 PS hoffnungslos unterlegenen Gordini, im Windschatten der Untertürkheimer zu bleiben und immer wieder auch zum Überholen anzusetzen. Es war wohl nur ein Spiel, das die Mercedes-Piloten Fangio, Kling und Herrmann mit dem »underdog« trieben, doch die 100 000 Zuschauer beim Großen Preis von Berlin wußten den unverdrossenen Einsatz des Mannes aus Nizza zu schätzen und belohnten seine Manöver mit lautem Jubel. Bis der überforderte Gordini-2-Liter-Motor nach dreizehn langen Runden in der Südkehre buchstäblich explodierte, hatte sich der sympathische 33jährige »Jeannot« in die Herzen der Berliner gefahren. Jedes Mal, wenn er in den folgenden Jahren auf der AVUS startete, wurde er mit Wärme begrüßt, sein deutscher Meistertitel, den er sich 1958 im Porsche-Rennsportwagen in einem dramatischen Finish vor dem Borgward-Piloten Joakim Bonnier auf der AVUS sicherte, wurde an der Strecke wie in der Berichterstattung begeistert gefeiert, sein Tod 1959 in der Nordkurve erfüllte seine vielen Bewunderer mit Trauer und Entsetzen. Sein Freund Hans Herrmann: »Er hatte ewig Pech mit dem Material; er kam zu spät auf ein wirklich gutes Auto. Auf engen Kursen ... hat er sich trotzdem mit dem ewig unterlegenen Gordini hervorragend, immer in der Spitze, geschlagen – und oft auch gewonnen.« Damit teilte Jean Behra das Schicksal des Konstrukteurs Amédée Gordini, der in seinem großen Talent durch unzureichende Mittel ebenfalls ständig gebremst wurde.

Gordini Typ 16: 6-Zylinder-Motor mit zwei obenliegenden Nockenwellen, 1960 ccm Hubraum, 155 PS bei 6000 U/min Baujahr: 1952

Im Besitz des Centre International de l´Automobile, Pantin

GORDINI

rechts unten: Jean Behra, Startnummer 14, auf der Innenbahn neben Karl Kling und Hans Herrmann bei der Anfahrt zur AVUS-Südkehre. Die Attacken des auf verlorenem Posten streitenden Gordini-Fahrers machen ihn zum Liebling des Berliner Publikums.

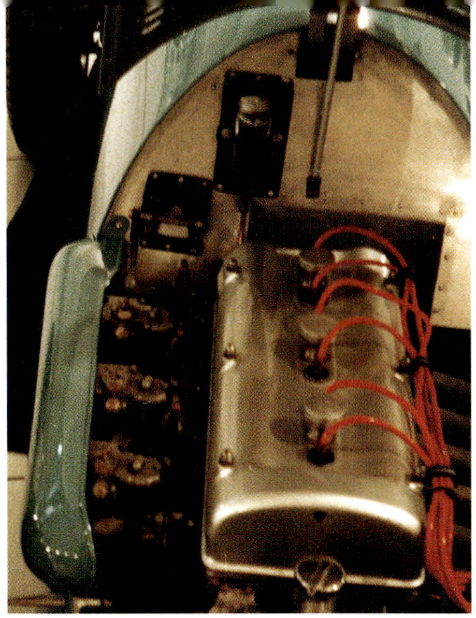

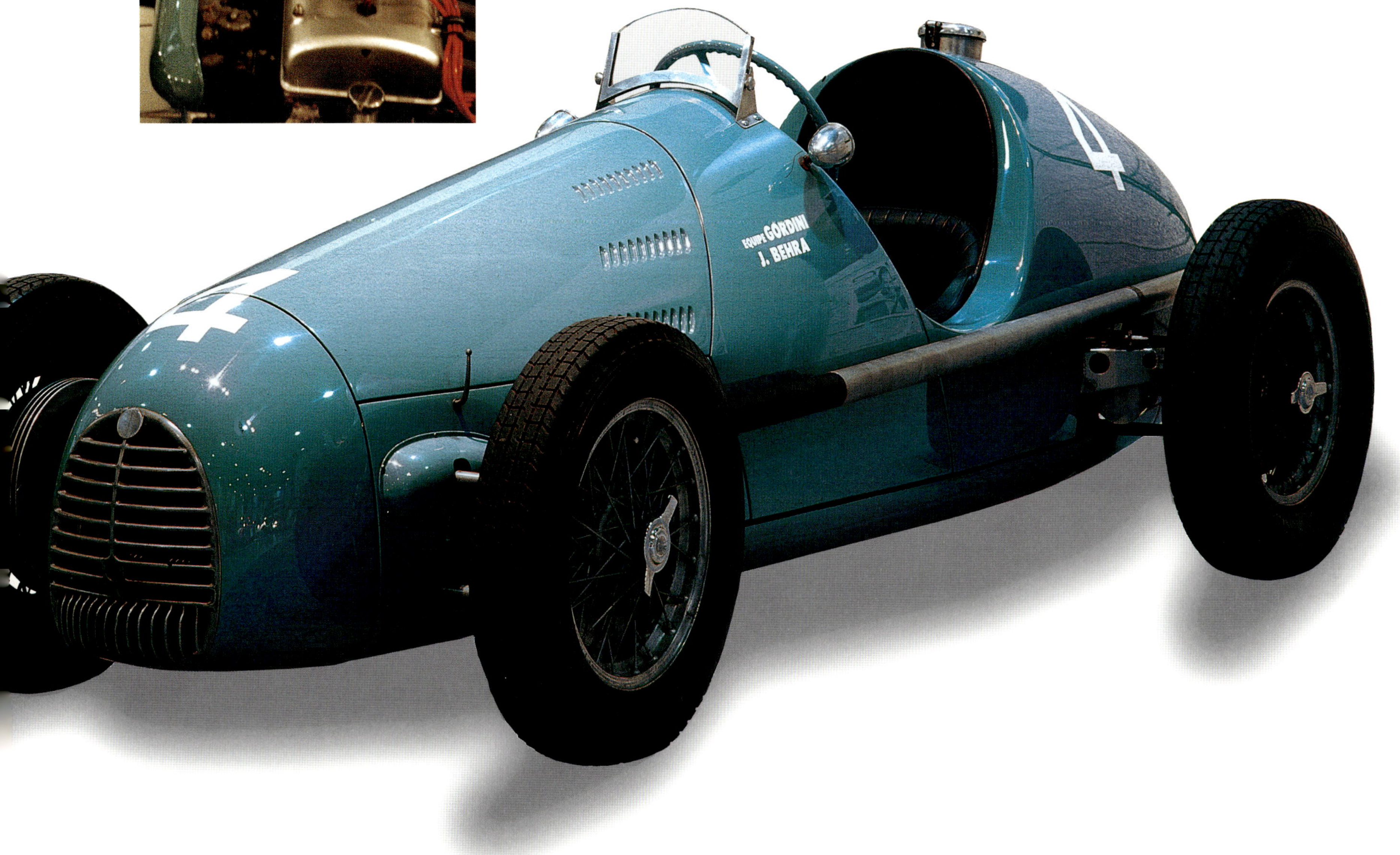
EQUIPE GORDINI
J. BEHRA

AWE Rennsportwagen

AWE = »Volkseigene Betriebe Automobil-Werke Eisenach«. Auch in Ostdeutschland wurde schon bald nach dem Zweiten Weltkrieg mit Enthusiasmus Motorsport getrieben, wie im Westen vorwiegend auf der Basis des erfolgreichen BMW 328 und seines 2-Liter-6-Zylinder-Motors aus den späten 30er Jahren. Das »Renn-Kollektiv Johannisthal«, später »IFA-Rennkollektiv«, entwickelte mit staatlicher Unterstützung Rennsportwagen und Formel-2-Fahrzeuge, die, etwa auf der AVUS 1951 und 1952, die Konkurrenz das Fürchten lehrten und auch erste Plätze belegten. Im Jahr 1953 übernahm dann Eisenach die Johannisthaler als Werksabteilung, und man begann, einen auch international wettbewerbsfähigen Rennsportwagen der Klasse »F« zu entwickeln, der zunächst noch unter der Markenbezeichnung »EMW« (Eisenacher Motoren-Werke) lief. Eine Konstruktion, die schon bald den ambitionierten Porsche Spyder-Piloten schwer zu schaffen machte. So 1954 und 1955 auch in Berlin, wo vor allem die DDR-Asse Edgar Barth und Arthur Rosenhammer für Spannung sorgten und ernstzunehmende Anwärter auf den Sieg waren. Auf der AVUS reichte es dann trotz Rundenschnitten von über 200 km/h nicht ganz zum Erfolg, zumal Ausfälle die Zahl der Eisenacher drastisch dezimierten. Dennoch blieben die AWEs als reinrassige, unverkäufliche Werkswagen den frisierten Porsche-Produktionsmodellen jener Jahre häufig überlegen. Als sich AWE in der zweiten Hälfte der 50er Jahre vom Rennsport zurückzog und ihr Star Edgar Barth als Werksfahrer nach Zuffenhausen ging, hatte der »gesamtdeutsche Motorsport« der Nachkriegszeit ein frühes Ende gefunden.

AWE Rennsportwagen: 6-Zylinder-Motor mit zwei obenliegenden Nockenwellen und Doppelzündung, 1500 ccm Hubraum, 135 PS bei 7000 U/min
Höchstgeschwindigkeit: 235 km/h
Baujahr: 1955

Im Besitz des Verkehrsmuseums Dresden

rechts oben: Zwei Sportwagen des IFA-Rennkollektivs im Rennen der 1500 ccm-Klasse am 1. Juni 1952 in der AVUS-Nordkurve – Kurt Straubel, Startnummer 28, noch vor dem späteren Sieger Arthur Rosenhammer (27).
rechts unten: Edgar Barth, Startnummer 26, und Paul Thiel (3) gehören bis Mitte der 50er Jahre ebenfalls zur EMW/AWE-Werksmannschaft.

DUNLOP
28

27

26

3

Borgward RS 1500

Schon 1952, im zweiten Jahr der Nachkriegs-AVUS, wurde ein Borgward 1500 als Sieger abgewinkt: Hans Hugo Hartmann, Ex-Mercedes-Werksfahrer der späten 30er Jahre, gewann das Rennen der Sportwagen. Ein Erfolg, den ein Jahr später der Stuttgarter Hans Klenk nach spannendem Kampf mit der Porsche-Konkurrenz wiederholen konnte. In Bremen, dem Firmensitz, war man zu Recht stolz auf das gute Abschneiden in Berlin und anderswo, fehlte es doch an Rennerfahrung ebenso wie an speziellen Hochleistungsaggregaten: der Stoßstangenmotor der Wettbewerbsfahrzeuge stammte aus dem Isabella-PKW, wurde für den Sporteinsatz zwar weiterentwickelt, stieß jedoch bald an seine Grenzen. So entstanden 1955/56 neue 1,5-Liter-Doppelnockenwellenmotoren mit Vierventiltechnik und Doppelzündung, mit denen die Borgward RS bei Bergrennen und auf der Rundstrecke immer wieder für erste Plätze gut waren. Dramatisch verlief die Auseinandersetzung mit dem Porsche RSK, den Jean Behra 1958 auf der AVUS gekonnt am Limit bewegte, und Joakim Bonnier am Lenkrad des Borgward. Immer wieder wechselte die Führung, Windschattenspiel bei einer durchschnittlichen Geschwindigkeit von fast 210. Die hauchdünne Entscheidung fiel für den Franzosen: 209,8 km/h errechnete die Zeitnahme als Schnitt für den Porsche-Piloten, 209,7 für den Schweden am Borgward-Volant. Ein Jahr später mußte Firmenchef Carl F.W. Borgward seine Rennsportwagen aus wirtschaftlichen Gründen zurückziehen, im Juli 1961 gingen die Borgward-Werke in Konkurs. Fritz Jüttner, in den 50er Jahren Mitglied des Borgward-Teams, kaufte den RS 1500 mit Leichtmetallkarosserie, den u.a. auch er selbst gefahren hatte; heute setzt sein Sohn Ralf den Sportwagen-Prototyp, Baujahr 1957, bei Oldtimer-Veranstaltungen ein.

Borgward RS 1500: 4-Zylinder-Doppelnockenwellenmotor mit vier Ventilen je Zylinder, Doppelzündung, 1500 ccm Hubraum, 130 – 150 PS bei 7000 U/min
Höchstgeschwindigkeit: je nach Übersetzung bis zu 260 km/h

In Privatbesitz

rechts oben: Am 28. September 1952 gewinnt Borgward-Pilot Hans Hugo Hartmann, Startnummer 21, die 1500-ccm-Klasse der Sportwagen auf der AVUS.
rechts unten: Am 21. September 1958 muß sich der Schwede Joakim Bonnier am Borgward-Volant, Startnummer 31, auf den letzten AVUS-Metern dem Porsche-Piloten Jean Behra, Startnummer 34, geschlagen geben.

21
6

Shell

34
31

Porsche 550 A Spyder

»Spyder«, ein Begriff aus dem Kutschenbau, meint den leichten, offenen Wagen. Zusammen mit dem Markennamen »Porsche« ist er die Bezeichnung des Kult-Autos einer ganzen Generation geworden, verbunden mit der Erinnerung an das 50er Jahre-Idol James Dean. Von 1953 bis in die 60er Jahre gab es eine ganze Reihe von Varianten des populären Zuffenhausener Rennsportwagens, mit denen die Firma ihr sportliches Renommee zum guten Teil begründete. Schon 1954 begeisterten Richard von Frankenberg und der vielseitige Hans Herrmann auf Porsche Spydern das AVUS-Publikum. Der schnelle Journalist ließ sich den Sieg nicht nehmen, Hans Herrmann, damals als Werksfahrer gerade hauptamtlich in Mercedes-Diensten, reichte auch der zweite Platz in Berlin zum deutschen Meistertitel. Ein Jahr später wiederholte von Frankenberg seinen Erfolg, und als er dann 1956 den »Hattrick«, den dritten Sieg in Folge, ins Auge faßte, fabrizierte er mit dem in seinem Fahrverhalten höchst eigenwilligen »Mickymaus«-Spyder 645 einen »Abflug« aus der Nordkurve, dessen guter Ausgang noch heute unfaßbar erscheint. Während das Auto über die Steilwand hinausschoß, im Fahrerlager beim Aufschlag nur mäßigen Schaden anrichtete und ausbrannte, fiel der Fahrer relativ sanft in ein Gebüsch und kam mit dem Schock davon. Zu den erfolgreichen Spyder-Piloten jener Jahre gehörten u.a. Graf Trips und Edgar Barth, der aus dem AWE-Kollektiv der DDR zum West-Konkurrenten Porsche übergewechselt war, der Holländer Godin de Beaufort, der Schwede Joakim Bonnier und der Franzose Jean Behra. Er wurde 1958 in Berlin Deutscher Sportwagenmeister. 1959 verlor er sein Leben in der AVUS-Nordkurve. Die Zeit der 1,5-Liter-Rennsport-Spyder lief ab, als sich Porsche den größeren Hubraumklassen zuwandte und seit 1964 mit dem Typ 911 zunehmend auch im Sport 6-Zylinder-Motoren einsetzte.

Porsche 550 A Spyder: 4-Zylinder-Boxermotor, luftgekühlt, 1498 ccm Hubraum, 117 PS bei 7800 U/min (bis zu 180 PS im Typ 718 RS des Jahres 1960)
Höchstgeschwindigkeit: ca. 220 km/h

Im Besitz des Porsche Museums, Stuttgart

rechts oben: Richard von Frankenberg am 25. September 1955 auf seiner Siegesfahrt in der AVUS-Nordkurve, die er ein Jahr später vor den Augen seines Teamkollegen Berghe von Trips unfreiwillig über die Steilwandkrone verläßt – ohne ernsthaft Schaden zu nehmen!
rechts unten: Südkehre, 25. September 1955. Die EMWs von Edgar Barth, Startnummer 9, und Paul Thiel (11) machen dem Porsche-Piloten von Frankenberg das Siegen schwer!

15
15

145

145
145

9
15
15

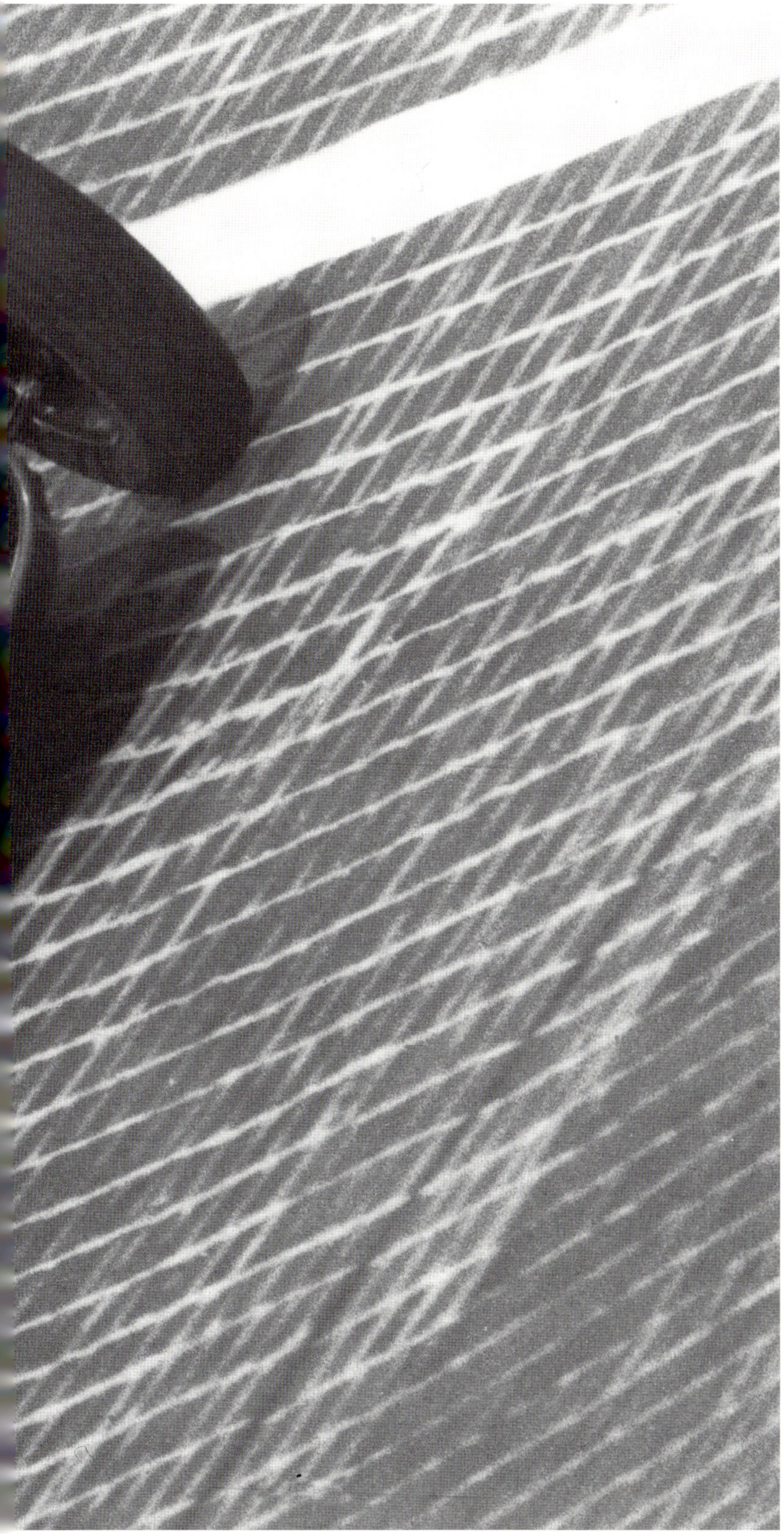

XXI. Großer Preis von Deutschland

Porsche Formel 2

Daß Formel-2-Wagen mit nur 1,5 Liter Hubraum in Grand Prix-Rennen gegen die 2,5 Liter-Boliden der Formel 1 antraten, war damals nicht ganz ungewöhnlich. Zum Großen Preis von Deutschland am 2. August 1959 auf der Berliner AVUS waren zwei genannt: eine Eigenkonstruktion des Franzosen Jean Behra auf Porsche-Basis und ein Zuffenhausener Werkswagen, der von Wolfgang Graf Berghe von Trips gefahren werden sollte. Beide Konstruktionen beruhten auf dem aus dem Spyder-Rennsportwagen entwickelten »Mittellenker«, der als vollverkleidetes Fahrzeug vor allem auf Kurvenstrecken mit den kotflügellosen Formelautos nicht mithalten konnte. Die neuen Formel 2 von Behra und dem Porsche-Rennstall hingegen hatten sich bereits bei ihrer Premiere in Frankreich als höchst konkurrenzfähig erwiesen, wenngleich sie auf der AVUS sicher nicht als Favoriten ins Rennen gehen würden. Auf der Hochgeschwindigkeitspiste in Berlin würden sie ihre Vorteile – geringes Gewicht, gute Handlichkeit – nicht ausspielen können. Beide Fahrzeuge, Graf Trips mit Startnummer 14, Behra mit Startnummer 12, absolvierten ohne Überraschungen das Freitagstraining, dann kam das verhängnisvolle Sportwagenrennen am verregneten Sonnabendnachmittag, dem 1. August 1959. Behra startete mit seinem privaten Porsche Spyder RSK, um seinen Vorjahrestitel als Deutscher Sportwagenmeister zu verteidigen. In der vierten Runde trug es ihn aus der regenglatten Nordkurve, sein Wagen zerschellte, für den sympathischen Franzosen gab es keine Chance. In Trauer um den Freund verzichteten Porsche und von Trips am nächsten Tag auf den Start im Großen Preis.

Aus den Anfängen mit dem »Mittellenker« und dem freundschaftlichen Wettbewerb mit dem Behra-Porsche entwickelten die Zuffenhausener ihre weitere Beteiligung am Formel-2-Sport und, bis 1962, auch in der Formel 1.

Porsche Formel 2: 4-Zylinder-Boxermotor, luftgekühlt, 1498 ccm Hubraum, 155 PS bei 8000 U/min, Gitterrohrrahmen mit Einzelradaufhängung, Sechsganggetriebe
Höchstgeschwindigkeit: ca. 250 km/h

Im Besitz des Porsche Museums, Stuttgart

rechts unten: Das Porsche-Duell im »Großen Preis von Deutschland« 1959 findet nur im Training statt; Graf Berghe von Trips im Werkswagen, Startnummer 14, und Jean Behra am Lenkrad seiner Eigenkonstruktion (12).
In der für die Automobilausstellung »aaa ´94« von Art Interieur, Köln, nachempfundenen Porsche-Box: Wolfgang Graf Berghe von Trips und der Franzose Jean Behra (mit Helm) neben zwei Mechanikern.
Doppelseite 88/89: Der Amerikaner Dan Gurney im Ferrari-Cockpit beim Großen Preis von Deutschland am 2. August 1959 auf den Klinkersteinen der AVUS-Nordkurve.

Castrol
Castrol
Castrol
Castrol
Castrol
Castrol
Castrol

Ferrari 246 Dino

Der XXI. Große Preis von Deutschland wurde am 2. August 1959 in Berlin ausgetragen. In zwei Läufen, ein ungewöhnlicher Modus für einen Weltmeisterschaftslauf der Formel 1. Man wollte, wie der Automobilclub von Deutschland als Veranstalter verlautete, mögliche Reifenpannen auf der Hochgeschwindigkeitspiste im Grunewald vermeiden. In beiden Durchgängen zu je 30 Runden, Gesamtdistanz 498 Kilometer, dominierten die roten Renner aus Modena. In den Cockpits der siegreichen Ferrari: Tony Brooks aus England und die Amerikaner Dan Gurney und Phil Hill. In dieser Reihenfolge belegten sie die Plätze eins bis drei des Gesamtklassements. Ein viertes, von Cliff Allison gefahrenes Reserveauto war mit Kupplungsschaden schon in der dritten Runde ausgefallen. Der Typ 246, mit dem die italienische Marke die Saison bestritt, war eine Weiterentwicklung des nach dem verstorbenen Sohn Enzo Ferraris »Dino« benannten Formel-2-Rennwagens. Die von Vittorio Jano aufgebaute 2,5-Liter-Version für die Formel 1 wurde bis 1960, zuletzt als Typ 256, kontinuierlich verbessert, sie erhielt Scheibenbremsen und eine unabhängige Radaufhängung mit Spiralfedern und Teleskop-Stoßdämpfern. Das 6-Zylinder-Triebwerk mit drei Weber-Duplex-Vergasern leistete mit 100oktanigem Flugbenzin als Treibstoff, wie es das Reglement – bis 130 Oktan – erlaubte, 280 PS. Auf der AVUS wurde ein Renndurchschnitt von 231,1 km/h erzielt, den, wie auch die schnellste Runde mit 240,0 km/h, der Sieger Tony Brooks fuhr. Der Engländer beendete die Saison mit 27 Weltmeisterschaftspunkten hinter dem australischen Aufsteiger Jack Brabham, der auf seinem Cooper-Climax 31 Punkte sammelte und den Meistertitel errang. Noch im Vorjahr hatte Mike Hawthorn mit dem Ferrari 246 das Championat gewinnen können.

Ferrari 246 Dino: 6-Zylinder-V-Motor, 2474 ccm Hubraum, 280 PS bei 8500 U/min
Höchstgeschwindigkeit: 270 km/h

In Privatbesitz

rechts oben: In den fiktiven Ferrari-Boxen diskutieren (von links nach rechts) der Karosseriebauer Medardo Fantuzzi und der englische Reservefahrer Cliff Allison, daneben in Box 2 die Amerikaner Dan Gurney und Phil Hill und der spätere Sieger des XXI. Großen Preises von Deutschland, Tony Brooks aus England.
rechts unten: Tony Brooks, Ferrari, vor Masten Gregory, Cooper, in der AVUS-Südkehre.

Cooper T51 Climax

Seit den Zeiten der Auto Union hatte es keine Rennwagen mit Heckmotor mehr gegeben. 1946, der Zweite Weltkrieg war gerade zu Ende gegangen, waren es der ehemalige Rennmonteur Charles Cooper und sein Sohn John, die das Prinzip des hinter dem Fahrer angeordneten Triebwerks für ihre unorthodoxen, aber für viele Interessenten erschwinglichen Konstruktionen wiederentdeckten. In einer Garage im englischen Surrey montierten sie 500 ccm-Motorradaggregate ins Heck leichter Rohrrahmen-Fahrgestelle mit einsitziger Karosserie, die später als Formel-3-Fahrzeuge anerkannt und außerordentlich erfolgreich wurden – auch in den AVUS-Rennen der frühen 50er Jahre. Nach dem gleichen Konzept entstanden Formel-2-Wagen, die die Rennveranstaltungen der zweiten Hälfte der 50er Jahre beherrschten. 1958 wagten sich die Coopers schließlich auch an die Konstruktion eines Formel 1, zunächst mit 2-Liter-Motor, der die Formel nicht ausschöpfte und dennoch erstaunlich konkurrenzfähig war. 1959 gab es dann die ersten 2,5-Liter-Motoren, die, wie auch schon die kleineren Aggregate, von Coventry Climax geliefert wurden, einem Werk, das ursprünglich Pumpen und Motoren für Feuerwehrspritzen herstellte. Am Cooper-Formel-1-Projekt von Anfang an beteiligt war der Australier Jack Brabham, der zusammen mit dem Engländer Stirling Moss als offizieller Werksfahrer fungierte. Dank einer Kunststoffkarosserie wog der relativ breite und sehr flache Wagen nur 520 Kilogramm, war entsprechend schnell und beherrschte auf Anhieb die Grand Prix-Szene. Jack Brabham wurde zweimal, 1958 und 1959, auf Cooper Climax Weltmeister. Auf der AVUS, beim Großen Preis von Deutschland 1959, reichte es für das englische Team allerdings nur zu einem enttäuschenden vierten – Maurice Trintignant – und einem sechsten Platz – Ian Burgess auf einem Cooper mit Maserati-Motor. Alle anderen Fahrer des Cooper-Aufgebots waren mit technischen Defekten ausgefallen: Stirling Moss, Jack Brabham, Masten Gregory und endlich auch noch Bruce McLaren.

Cooper T51 Climax: 4-Zylinder-Reihenmotor, 2495 ccm Hubraum, 240 PS bei 6750 U/min
Höchstgeschwindigkeit: 280 km/h

In Privatbesitz

Cooper

rechts oben: Cooper vor BRM, Masten Gregory auf der Überholspur.
rechts unten: Das Cooper-Aufgebot (von links) mit Bruce McLaren, Neuseeland, zwei Mechanikern, Jack Brabham, Australien, Stirling Moss, England, und Maurice Trintignant, Frankreich, in der Vorstellung der Kölner Künstler Sieger und Valder.

Moss
Castrol
67

67

Veedol
Veedol

BRM 25

Schrecksekunden in der AVUS-Südkehre beim Großen Preis von Deutschland am 2. August 1959: Der grüngelbe BRM mit der Startnummer 11 schießt auf die Kurve zu, lenkt nicht ein, sondern steigt plötzlich auf, mehrfacher Überschlag, der Fahrer wird herausgeschleudert. Es ist der Deutsche Hans Herrmann: »Der Wagen ging 290 Kilometer pro Stunde. Mit dieser Geschwindigkeit steuerte ich auf die Südkurve zu, und etwa 270, 280 Meter vor dieser Südkurve war der letzte Punkt, der letzte Moment, um anzubremsen. Dabei fiel mir das Bremspedal auf das Bodenbrett, es hat gar keinen Widerstand gegeben, und ich war komplett ohne Bremse.« Hans Herrmann lenkte, um keine Zuschauer zu gefährden, in die Strohballen der Streckenbegrenzung, die, vom Regen vollgesogen, schwer und hart wie eine Mauer waren. »Ich hab das alles miterlebt, ich war keinen Moment ohne Bewußtsein .... Ich habe auf etwa siebzig Meter zweieinhalb Überschläge mitgemacht, bis ich Gott sei Dank rausflog. Als der Wagen zum ersten Mal kopfüber auf der Straße aufschlug, da war ich draußen.« Und, wie durch ein Wunder, so gut wie unverletzt. Die neue Bremsanlage des BRM war ein neuralgischer Punkt, wie auch Stirling Moss, Graham Hill und andere Piloten erfahren mußten: Scheibenbremsen vorn in den Rädern montiert und hinten eine Scheibe in Achsenmitte. Vibrationen, so Hans Herrmann, führten zu häufigen Defekten an den Bremsleitungen. Ansonsten war der BRM 25, wie er von 1955 bis 1959 gebaut wurde, mit seinem extrem kurzhubigen Motor der kleinste und leichteste Rennwagen seiner Zeit. »British Racing Motors«, BRM, beteiligte sich seit 1950 an Weltmeisterschaftsläufen. Jedoch erst, als einige Jahre später Sir Alfred Owen die Firma übernahm und reorganisierte, stellten sich langsam auch Erfolge ein. Nicht allerdings in Berlin, denn Herrmanns Teamkollegen Joakim Bonnier aus Schweden und der Amerikaner Harry Schell konnten nur die Plätze fünf und sieben belegen.

BRM 25: 4-Zylinder-Reihenmotor, 2497 ccm Hubraum,
280 PS bei 8250 U/min
Höchstgeschwindigkeit: 285 km/h

Im Besitz der Donington Collection, Castle Donington, England

rechts oben: Hans Herrmann überlebt den BRM-Unfall in der AVUS-Südkehre so gut wie unverletzt!
Harry Schell auf dem BRM mit der Startnummer 10 führt den Dreier-Pulk an, gefolgt von Maurice Trintignant auf Cooper und Graham Hill auf Lotus.
rechts unten: In der für die AVUS-Sonderschau der »aaa ´94« nachempfundenen BRM-Box sind Hans Herrmann (mit Helm) zu sehen, der Amerikaner Harry Schell und der Schwede Joakim Bonnier mit seiner späteren Frau Marianne.

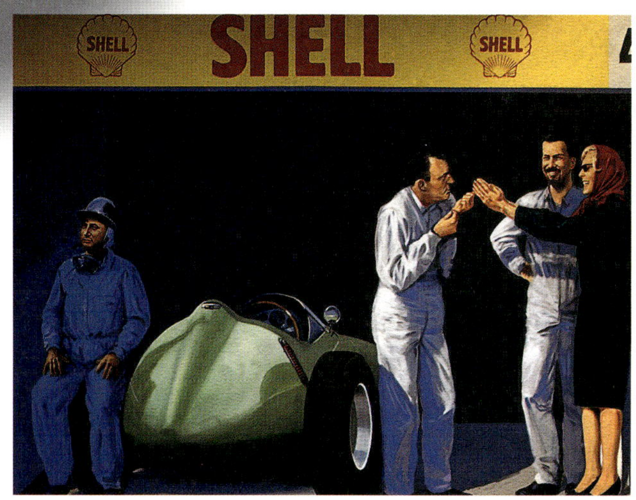
SHELL
SHELL
SHELL

Lotus 16

Später war Colin Chapman als Konstrukteur und Teamchef eine der beherrschenden Figuren der Formel-1-Szene; 1959 hatte er gerade die ersten Schritte im Formel-Rennsport überhaupt hinter sich, und seine ersten Grand Prix-Wagen, der Zeit entsprechend noch mit vorn eingebauten Motoren, beeindruckten die Konkurrenz kaum. So ging auch den beiden Lotus 16 mit den Fahrern Graham Hill und Innes Ireland, die zum Großen Preis von Deutschland nach Berlin gekommen waren, kein besonderer Ruf voraus. Tatsächlich fielen sie auch beide bereits im ersten des in zwei Durchgängen ausgetragenen Rennens nacheinander aus, ehe sich die Dinge auf dem 8,3 Kilometer langen Grunewaldkurs so richtig entwickelt hatten: Ireland in Runde acht mit Motorschaden, bei Hill versagte drei Runden später das von Lotus nach dem Vorbild einer Motorradschaltung eigens entwickelte Getriebe. Chapmans Grundkonzept war das eines leichten Rennwagens mit dem bestmöglichen Leistungsgewicht, ein Prinzip, das er erst später mit großem Erfolg umzusetzen verstand. Um den Luftwiderstand herabzusetzen, wurde der Coventry Climax-Motor schon im Lotus 16 geneigt eingebaut, so daß der Wagenbug sehr flach gehalten werden konnte. Leider führte die unharmonische Abstimmung der vorderen mit der Chapman-speziellen hinteren Radaufhängung zu einem untersteuernden Fahrverhalten, das sich während der relativ kurzen Zeit, in der der Lotus 16 eingesetzt wurde, immer wieder negativ auswirkte. Zum gefürchteten Gegner in der Formel 1 wurden Lotus und Chapman erst mit den Heckmotor-Konstruktionen, die ab 1960 den Cooper den Rang abliefen, die doch als erste das Prinzip des im Heck des Rennwagens plazierten Antriebsaggregats so erfolgreich eingeführt hatten. 1959 in Berlin hatten freilich beide englischen Marken nichts mit dem Ausgang des deutschen Weltmeisterschaftslaufes zu tun.

Lotus 16: 4-Zylinder-Coventry-Climax-Reihenmotor, 2495 ccm Hubraum, ca. 240 PS

Im Besitz der Donington Collection, Castle Donington, England

rechts oben: Ausfall des zweiten, von Graham Hill gefahrenen Lotus in Runde 11 des ersten Laufes – Getriebeschaden.
rechts unten: Das glücklose Lotus-Team mit zwei Mechanikern und den englischen Piloten Innes Ireland (links) und Graham Hill, so, wie sie die Künstler von Art Interieur auf die Leinwand gebannt haben.

DUNLOP

Flaute in den 60ern

Jaguar E Lightweight

Seit April 1961 gab es den Jaguar E. Ein Sportwagen, der auf den Boulevards wie im Renneinsatz gute Figur machte. Um noch besser zu werden und möglicherweise auch den Ferrari 250 GT Paroli bieten zu können, die den internationalen GT-Rennsport dominierten, entschloß man sich in Coventry, einen »Competition E-Type« zu entwickeln. Das Rezept bestand aus einer konsequenten Gewichtseinsparung: Wo immer durch den Einsatz von Aluminium leichter gebaut werden konnte, wurde Aluminium verwendet. Das galt für den Monocoque-Rahmen ebenso wie für Karosserieteile und das Antriebsaggregat. Darüber hinaus wurde der Motor durch einen Spezialzylinderkopf »schärfer« gemacht und in der Folgezeit auch die Aerodynamik verbessert. Den am weitesten über die Serie hinaus optimierten Lightweight fuhr der deutsche Jaguar-Generalimporteur Peter Lindner, der zusammen mit seinem Freund Peter Noecker vor allem Langstreckenwettbewerbe bestritt. Auf der AVUS waren beide auch in Sprintrennen am Start; 1963 gewann Noecker die GT-Wertung über 1600 ccm mit einem Schnitt von 210,9 Kilometern pro Stunde. Sehr erfolgreich war die Marke auch mit dem Mk.II bei Tourenwagenkonkurrenzen, wie sie in der ersten Hälfte der 60er Jahre auch bei AVUS-Veranstaltungen mit guter Besetzung gefahren wurden. Peter Lindner kam 1964 bei einem Rennunfall auf der Bahn von Montlhéry ums Leben, zur gleichen Zeit beendete Jaguar die Werksunterstützung für den E-Typ, der, später auch in einer V12-Version, noch bis 1974 im Programm blieb.

Jaguar E Lightweight: 6-Zylinder-Einspritzmotor, 3781 ccm Hubraum, 300 PS
Höchstgeschwindigkeit: über 250 km/h
Baujahr: 1963

In Privatbesitz

rechts: Der Jaguar E, wie er 1962 und 1963 auf der AVUS in der GT-Kategorie erfolgreich eingesetzt wird.
Doppelseite 100/101: Die schwarzweiß-karierte Flagge – Ende eines Rennens und einer Epoche. 1967 fällt die AVUS-Steilkurve.

JAGUAR

36
ECD 400

43

Abarth-Simca 2000

Wenn es um die Frage geht, wem die Krone bei der Entwicklung vielfältiger Sportwagen-Varianten gebührt, ist es schwer, sich zwischen Enzo Ferrari und Carlo Abarth zu entscheiden. Keine Frage ist jedoch, daß der geborene Wiener mit Firmensitz in Turin es wie kein anderer verstand, aus kleinsten Hubräumen höchste Leistungen herauszukitzeln. Auf der Grundlage von Simca- und vor allem Fiat-Modellen entstanden in den 60er Jahren immer wieder neue schnelle, zuverlässige und meist auch gut anzusehende Konstruktionen, die unter dem Markenzeichen des Skorpions von Sieg zu Sieg fuhren. Allein im Jahr 1964 waren Abarth-Teams 741 Mal erfolgreich, 538 der Trophäen gingen auf das Konto der Fiat-Abarth, 177 auf das der Abarth-Simca, 26 errangen andere Modelle. So zahlreich wie seine Rennautos waren auch die Fahrer, die für den ob seines Temperaments gefürchteten Abarth starteten. Zu seinen deutschen Piloten gehörte u.a. Hans Herrmann, der auf der AVUS neben einem Formel-2-Abarth 1964 in der Klasse der GT bis 2500 ccm einen Abarth-Simca 2mila fuhr und sein Rennen souverän gewann. Carlo Abarth, der den Einsatz vom Dach eines im Innenraum der Nordkurve stationierten Wohnwagens aus dirigierte, über den siegreichen Stuttgarter, der es so lange wie kaum ein anderer im Rennstall des eigenwilligen PS-Zauberers aushielt: »Es gibt keinen Rennfahrer in der ganzen Welt, der mit so wenig Risiko so schnell fahren kann!« Dabei erwies sich der 2-Liter-Abarth-Simca als Wolf im Schafspelz: 205 PS wurden dem GT nachgesagt, eine für damalige Verhältnisse höchst beachtliche Literleistung von über 100 PS. Hans Herrmanns Durchschnittsgeschwindigkeit betrug an jenem 28. Juni 1964 208,9 km/h.

Abarth-Simca 2000: 4-Zylinder-Motor mit Doppelzündung,
2 Weber 58 DCOE-Vergaser, 2000 ccm Hubraum, 205 PS
Höchstgeschwindigkeit: 262 km/h
Baujahr: 1964

In Privatbesitz

rechts: »Hans Herrmann auf Abarth« ist Anfang der 60er Jahre bei AVUS-Rennen eine häufig erfolgreiche Kombination. Am 28. Juni 1964 gewinnt der Stuttgarter die 2,5-Liter-GT-Konkurrenz mit dem kleinen, agilen »2mila«-Coupé.

70
70

ABARTH

45
ABARTH
SIMCA
45

Porsche 910/6 Coupé

Wie in den 50ern die Spyder, so gehörten Porsche-GTs, -Sportwagen und -Prototypen auch in den 60er Jahren zum Starterfeld jedes AVUS-Rennens. Nach dem 906 war es 1967 der 910, der sich als 6-Zylinder und als 8-Zylinder in der Prototypen-Wertung der Konkurrenz stellte. Zwei wichtige Wettbewerbe, die Targa Florio in Italien und das 1000-km-Rennen auf dem Nürburgring, hatte der 910 bereits gewonnen, als in Berlin am 10. September 1967 Abschied von der Steilkurve genommen wurde. Porsche war dabei, Gerhard Koch und der spätere Porsche-Rennleiter Rico Steinemann gewannen noch einmal ihre Klassen. Der 910 war bei vielen Fahrern wegen seines vorzüglichen Fahrverhaltens besonders beliebt; die nicht allzu attraktive Form tat der allgemeinen Akzeptanz keinen Abbruch. Als man bei Porsche absehen konnte, daß der Nachfolgetyp 907 bereits 1968 zur Verfügung stehen würde, begann man, die 910 an private Teams zu verkaufen. Die Geschichte des 910 war zwar kurz, für Porsche jedoch als Übergangsphase auf dem Weg in höhere Kategorien des Motorsports und zur Weltmeisterschaft eine wichtige Station.

Porsche 910/6 Coupé: 6-Zylinder-Boxermotor, luftgekühlt, 2 obenliegende Nockenwellen, 1991 ccm Hubraum, 220 PS bei 8000 U/min
Höchstgeschwindigkeit: 265 km/h

Im Besitz des Porsche Museums, Stuttgart

rechts unten: »Aus« für Startnummer 54, und »Aus« für die AVUS-Steilkurve. Rico Steinemann, Startnummer 2, gewinnt am Wochenende des 9./10. September 1967 das letzte Rennen, das auf dem traditionellen AVUS-Kurs mit der Klinkerwand ausgetragen wird.

Alfa Romeo GTA

Nach mehr als einem Jahrzehnt motorsportlicher Abstinenz kehrte Alfa Romeo Anfang der 60er Jahre auf die Rennszene zurück. Mit einem Wettbewerbscoupé, das sich zu einem der erfolgreichsten Tourenwagen der damaligen »Gruppe 2« des Sportgesetzes, später auch der »Gruppe 5« entwickelte: dem Alfa GTA. Auf der Basis des Giulia Sprint GT mit 109 PS entstand ein 170-PS-Rennauto, das 1966 in Deutschland beim 1000 km-Rennen auf dem Nürburgring mit Lucio Bianchi und dem Berliner Herbert Schultze am Lenkrad die Klasse gewann und derart einen überzeugenden Einstand gab. Das Rezept für das Erfolgsauto war einfach: stärkerer Motor, verbessertes Fahrwerk und Gewichtseinsparung – das »A« in der Typbezeichnung steht für »allegerita« = erleichtert. So wurde die elegante Bertone-Stahlblech-Karosserie des Serienmodells durch Aluminium ersetzt, das Gewicht von 950 auf 745, bei einigen Ausführungen sogar auf 700 Kilogramm gesenkt. Herbert Schultze, Autohändler am Kurfürstendamm und als engagierter und erfolgreicher Rennfahrer die treibende Kraft im Berliner Motorsport, siegte auf seinen von Autodelta, dem Alfa Romeo-Rennstall, präparierten GTAs in 26 von 27 Läufen um die Deutsche Automobil-Rundstreckenmeisterschaft; 1966, 1967 und 1968 errang er den begehrten Titel gegen die starke Konkurrenz der BMW- und Lotus Cortina-Renntourenwagen. In den gleichen Jahren ging auch die Europäische Tourenwagenmeisterschaft dreimal in Folge nach Mailand, Fahrer wie der Italiener Andrea de Adamich oder der Holländer Toine Hezemans gehörten zu den prominenten Alfa-Piloten. Seit Juni 1968 setzte das Werk neben dem GTA 1600 auch einen »Junior« in der Klasse bis 1300 ccm ein, 1970 erschien dann der GTAm auf der Grundlage des 1750-ccm-Serienfahrzeugs (»m« für »maggiorata« = vergrößert) auf den Rennstrecken. Mit einem Werks-GTAm verunglückte Herbert Schultze am 12. Juli 1970 tödlich auf dem Nürburgring. Ein Reifendefekt hatte den Unfall ausgelöst.

Alfa Romeo GTA: 4-Zylinder-Doppelnockenwellenmotor,
1600 ccm Hubraum, 172 PS
Höchstgeschwindigkeit: 220 km/h
Baujahr: 1966

In Privatbesitz

rechts oben: 26. Juni 1966 – das Feld der Tourenwagen vor der AVUS-Haupttribüne. Wie so häufig auf der »pole position«: Herbert Schultzes GTA.
rechts unten: Dreimal Deutscher Meister – Herbert Schultze ist Berlins erfolgreichster Sportfahrer und auf seinem Alfa GTA jahrelang nicht zu schlagen.

B-HS 3

B-HS 3

318
Scuderia del Portello
318
B-HS 3

B-DD 1
69

Die neue AVUS

Chevrolet Corvette Sting Ray

Als 1971 nach vierjähriger Umbauphase zum ersten Mal wieder Rennmotoren auf der AVUS angelassen wurden, waren 25 000 Berliner gekommen, um bei der Premiere der »neuen« AVUS dabei zu sein. Neu war die flache Nordkurve, die an die Stelle der Steilwand getreten war – sie hatte dem Autobahndreieck Funkturm und der Anbindung der Grunewaldpiste an die Stadtautobahn weichen müssen. Held des Tages wurde ein Amerikaner auf einem amerikanischen Auto: der PanAm-Pilot Curt Wetzel, der eine bullige Corvette Sting Ray in psychodelischer Bemalung an den Start brachte. In der »zivilen« Corvette-Version produzierte ein 5657-ccm-8-Zylinder 267 PS, die vom Detroiter Tuning-Spezialisten Toni de Lorenzo präparierte Renn-Corvette holte aus 7,2 Liter Hubraum 650 PS. Wetzel setzte mit einem Renndurchschnitt von 183,14 Kilometern pro Stunde die neue Bestzeit. Der Hobby-Rennfahrer aus dem Staat Pennsylvania mußte sich in Europa gegenüber Porsche, BMW und Ford Capri behaupten, in den Vereinigten Staaten hatte die Chevrolet-Entwicklungsabteilung 1962 ein Rennwagen-Projekt auf der Basis des Sting Ray ins Leben gerufen, um die Vorherrschaft der Cobras von Carrol Shelby auf den US-Pisten zu brechen. Das war zwar nie so recht gelungen, aber inzwischen hatten neue Vorschriften zur Fahrzeugsicherheit und zur Begrenzung der Schadstoffemissionen Shelby zur Einstellung der Cobra-Produktion gezwungen. Obwohl es auf diese Weise am Gegner fehlte, blieb die Corvette bis Mitte der 80er Jahre ein beliebtes Sportinstrument der Amerikaner, auch bei Bergrennen und praktisch allen Arten des Motorsports.

Chevrolet Corvette, Straßenversion: 8-Zylinder-V-Motor,
5657 ccm Hubraum, 267 PS bei 4200 U/min
Höchstgeschwindigkeit: 198 km/h
Baujahr: 1970

In Privatbesitz

rechts oben: Der PanAm-Pilot Curt Wetzel aus Lockhaven, Pennsylvania, Mitglied der Berliner Renngemeinschaft »Scuderia AVUS«, im Cockpit seiner Corvette.
rechts unten: Der bullige 650 PS-Bolide in zeitgemäß psychodelischer Bemalung bleibt beim Eröffnungsrennen der »neuen« AVUS am 4. Juli 1971 ungeschlagen.
Doppelseite 110/111: Eine flache Nordkurve hat die legendäre Klinkerwand ersetzt. Meisterschaftsläufe der Formel 3 mit internationaler Besetzung gehören zu den Attraktionen der ADAC-AVUS-Rennen.

Curt Wetzel
SCUDERIA AVUS
1

CORVETTE

Kaimann Formel Super Vau

Erste Bekanntschaft mit der AVUS machte der junge Mann aus Finnland am 1. September 1974: Keijo »Keke« Rosberg gewann auf einem Kaimann den Berliner Lauf der Europa-Meisterschaft der Formel Super Vau um den »VW-Gold-Pokal«. Acht Jahre später, 1982, wurde er Weltmeister der Formel 1. Er gehört zu einer langen Reihe bekannter Rennfahrer, die aus dem Formel Vau-Lager kamen und Karriere machten, Jochen Rindt, Jochen Mass, Niki Lauda, Nelson Piquet ... Der erste, der einen Formel Vau auf einer europäischen Rennstrecke fuhr, war der dreifache Europa-Bergmeister Gerhard Mitter. Er brachte die Idee eines preisgünstigen Renn-Monoposto auf Basis des VW-Käfers aus Amerika nach Deutschland, von wo die Formel Vau zunächst mit 1300-ccm-Motoren, ab 1970/71 als Formel Vau 1600, »Super Vau«, ihren Siegeszug rund um die Welt antrat. Zahlreiche Konstrukteure nahmen sich dieser »Oberstufe« der VW-Rennerei an, in England, Deutschland, Finnland und der Schweiz, an erster Stelle aber die in Wien beheimatete Firma Kaimann mit ihrem Chef Kurt Bergmann. Während die 1300er Anfang der 70er Jahre bis zu 95 PS leisteten, brachten es die heißesten Versionen der Super Vau-Motoren auf 140 Pferdestärken. (Später, mit den moderneren Golf-, Passat-, Scirocco-Aggregaten stieg die Leistung schnell auf 160 bis 170 PS.) Dabei kostete 1973 ein rennfertiger Kaimann, eine Rohrrahmen-Konstruktion mit Hewland-Viergang-Getriebe, ganze 21 500 DM. In der Formel 3 mußte man allein für ein 130-PS-Triebwerk 11 000 Mark aufbringen! Kein Wunder, daß sich die Formel Vau zeit ihres Bestehens bis 1982 größter Beliebtheit erfreute.

Kaimann Super Vau: Luftgekühlter 4-Zylinder-Boxermotor,
1600 ccm Hubraum, 124 PS bei 6800 U/min
Höchstgeschwindigkeit: 235 km/h
Baujahr: 1974

Im Besitz des Volkswagen Museums, Wolfsburg

rechts: Die Geschichte des VW-Motorsports begann mit Käfer-Technik und 1300 ccm Hubraum – die Formel Vau 1966 in der AVUS-Südkehre und am Startplatz vor der Haupttribüne.

40
37

Castrol

Castrol
Castrol

39
35

Alfa Romeo 33 SC12

Die »Interserie« war als eine Art europäisches Pendant zur nordamerikanischen »CanAm« entstanden, ein Wettbewerb großvolumiger, PS-starker Rennsportwagen. 1977 war es gelungen, einen Lauf dieser publikumswirksamen Boliden auf der AVUS fahren zu lassen. Zu Recht durfte man neue Bestzeiten erwarten; der Rundenrekord der »neuen« AVUS, der AVUS nach der Steilkurve , lag bei 210 Kilometern pro Stunde. Diese Marke locker zu überbieten, gelang dem Engländer Derek Bell, einem sehr vielseitigen Piloten, Jahrgang 1941, der schon alles gefahren hatte: von der Formel 1 bis zum Tourenwagen. Jetzt saß er im engen Cockpit eines Tipo 33, der Konstruktion von Carlo Chiti, mit der Alfa Romeo und Autodelta, der Mailänder Werksrennstall, über die erfolgreichen GTA-Tourenwagen hinaus im internationalen Rennsport mitzuspielen gedachten. 1967 war der erste 8-Zylinder-Mittelmotor-Rennsportwagen erschienen; »Daytona« hieß eine zweite Auflage, die mit Erfolgen beim amerikanischen 24-Stunden-Rennen, das dem Modell den Namen gab, beim 1000-Kilometer-Rennen auf dem Nürburgring, bei den 24 Stunden von Le Mans und der Targa Florio sehr schnell zum Hauptkonkurrenten vor allem für Porsche bei den internationalen Langstreckenrennen aufgestiegen war. Auf der AVUS am 22. Mai 1977 erfüllte Derek Bell die in ihn gesetzten Erwartungen: am Steuer seines zum »SC12« weiterentwickelten Alfa 33 fuhr er mit einem Schnitt von 234,69 Kilometern pro Stunde eine neue Rekordrunde und beendete das in zwei Durchgängen ausgetragene Interserie-Rennen als Gesamtsieger. Als ein Jahr später die Produktion des bislang erfolgreichsten Mailänder Rennsportwagens auslief, waren 64 Exemplare gebaut worden. Mit den Weiterentwicklungen bis hin zu einem 640-PS-Turbo errang Alfa Romeo eine Fülle von ersten Plätzen und u.a. zwei Weltmeisterschaften.

Alfa Romeo 33 SC12: 12-Zylinder-V-Motor im Winkel von 180 Grad, 2993 ccm Hubraum, über 520 PS bei 12000 U/min
Höchstgeschwindigkeit: 330 km/h
Baujahr: 1977

Im Besitz des Museo Alfa Romeo, Varese

rechts: Im AVUS-Rennen am 2. Mai 1977 dominiert Derek Bell am Lenkrad des »Tipo 33« die gesamte Interserie-Konkurrenz und fährt einen neuen Streckenrekord.

FERNET TONIC

FERNET TONIC
GOODYEAR
FERNET TONIC
Britax
Alfa Romeo
CHAMPION

Agip
Agip
FERNET TONIC
GOODYEAR
GOODYEAR
Alfa Romeo

Agip
FERNET TONIC
Alfa Romeo

BMW M1

Das AVUS-Rennen 1980 – ein weiteres Highlight in der an Höhepunkten nicht armen AVUS–Geschichte. Am Start: an die zwei Dutzend technisch gleichwertige Rennsportwagen; nach der »Gruppe 4« des internationalen Motorsportgesetzes als GTs klassifiziert, das heißt, in kleiner Serie hergestellte Wagen mit mindestens zwei Sitzplätzen, die mit dem Ziel verbessert werden dürfen, sie für Sporteinsätze zu qualifizieren. Die Motorsport GmbH der Bayerischen Motoren Werke hatte den M1 nach dieser Vorgabe als Wettbewerbsfahrzeug geschaffen und speziell für dieses außergewöhnliche Auto die »Procar-Serie« ins Leben gerufen. In den Cockpits Grand Prix-Piloten und junge, ehrgeizige Talente, die ihr Können an dem der Meister messen sollten. Um gleiche Chancen für alle sicherzustellen, unterlagen die Einsatzfahrzeuge permanenten Kontrollen, vor allem die fest auf 8500 U/min justierten Drehzahlbegrenzer. Ein hochkarätiger Wettbewerb, der nun also auch das Berliner Renn-Publikum in Spannung versetzte. Zu den Fahrern auf der AVUS gehörten Asse wie der Brasilianer Nelson Piquet, der kommende Formel-1-Weltmeister der Jahre 1981, 1983 und 1987. In das Buch der AVUS-Sieger aber trug sich ein Mann ein, der seine Erfolge nicht in Monoposti erzielte, sondern im Porsche-Rennsportwagen: der Liechtensteiner Manfred Schurti, der seinen M1 mit einer Durchschnittsgeschwindigkeit von 213,602 Kilometern pro Stunde über die Piste jagte. Zwei Jahre später, 1982, traten noch einmal BMW M1 auf der AVUS an, als es um die Deutsche Automobil-Rennsport-Trophäe ging. Dann verschwanden die Münchener Renner bald von der Sportszene und wurden teuer gehandelte Sammlerobjekte.

BMW M1: 6-Zylinder-Reihenmotor mit Vierventiltechnik, 3500 ccm Hubraum, 470 PS bei 9000 U/min (Drehzahlbegrenzung bei 8500 in den Procar-Wagen)
Höchstgeschwindigkeit: ca. 310 km/h

Im Besitz der BMW AG, München

rechts oben: Start zum Berliner Lauf der »Procar-Serie« am 11. Mai 1980 auf der AVUS. Startnummer 55: der spätere Sieger Manfred Schurti aus Liechtenstein.
rechts unten: 1982 gewinnt »Sigi« Müller auf einem M1 den Berliner Lauf um die Deutsche Automobil-Rennsport-Trophäe.

BMW M Power
MAURER Lackierung

COPERSUCAR
Marlboro
FITTIPALDI

Porsche 956 C Coupé

»956« – Synonym für den erfolgreichsten Rennwagen der Welt. 1982, wenige Wochen nach Fertigstellung des ersten Exemplars: Dreifach-Sieg in Le Mans. Weiter 1982: Markenweltmeisterschaft für Porsche, Langstrecken-Fahrerweltmeisterschaft für Werksfahrer Jacky Ickx. Mit diesem vielversprechenden Konto tauchte der 956 am 1. Mai 1983 in Berlin auf. Und setzte die Siegesserie fort. Der Elsässer Bob Wollek übernahm die Spitze des Feldes und siegte im AVUS-Lauf um die Internationale Deutsche Rennsportmeisterschaft. Mit Tempo 232,524. Weitere Siege folgten: wiederum in Le Mans, in allen Läufen der Endurance-Weltmeisterschaft. Markenweltmeisterschaft 1983, 1984, 1985. Eine einmalige Siegesserie, mit der Porsche eine neue Rekordmarke im sportlichen Wettbewerb setzte. Konstruktiv war die Entwicklung des 956 ein Meilenstein für die auch vorher nicht gerade innovationsarme Sportwagenschmiede. Ein neues Reglement hatte neue Lösungen herausgefordert, die dem von Porsche seit jeher befürworteten Prinzip entgegenkamen: mit der speziellen Renntechnik die allgemeine technische Weiterentwicklung voranzutreiben. Jetzt war es darum gegangen, den Verbrauch zu senken und die Sicherheit zu steigern – Aufgaben, wie sie auch die Serienproduktion zunehmend stellte. Hinzu kamen erhöhte Ansprüche an Rundenzeiten und Kurvengeschwindigkeiten. So wurde der 956 der erste Porsche mit Monocoque-Chassis und Groundeffect. Der 2,6-Liter-Turbomotor mit Leistungen um 630 PS kam – erstaunlich bei Rennfahrzeugen dieser Leistungsklasse! – auf Verbrauchswerte um 50 Liter pro l00 Kilometer. Alles in allem war der Porsche 956 Ergebnis einer Konzeption, die sich von den Konzepten der Vergangenheit grundsätzlich unterschied. Der 956 stellte eine neue Generation in der Galerie der Zuffenhausener Rennprojekte dar.

Porsche 956 C Coupé: 6-Zylinder-Vierventil-Turbomotor (Boxer) mit luftgekühlten Zylindern und wassergekühlten Zylinderköpfen und vier obenliegenden Nockenwellen, 2649 ccm Hubraum, 620 PS bei 8200 U/min Höchstgeschwindigkeit: über 350 km/h

Im Besitz des Porsche Museums, Stuttgart

rechts: Startnummer 7, Bob Wollek, im Feld ausgangs der Nordkurve und als AVUS-Sieger 1983 vor der Haupttribüne.

BOSS
J. ICKX
D. BELL
1
Rothmans
PORSCHE
Shell
BOSCH
BILSTEIN
SCHMITTHELM
TELETRON
speedline
DUNLOP

PENTOSIN
74
PAMETEX
JOEST RACING
2
DUNLOP
Warsteiner
Shell
IMMO KLEIN
7
IMMO
KLEIN
DUNLOP

JOEST RACING
IMMO KLEIN
IMMO KLEIN
7
IMMO
KLEIN
DUNLOP

Shell
Rothmans
RACING
Rothmans
PORSCHE
17
Shell
DUNLOP
BOSCH
BILSTEIN

Formel Ford 1800

Seit sie vor 27 Jahren als Talentschmiede ins Leben gerufen wurde, ist die Formel Ford regelmäßig auch auf der AVUS gestartet. Zuletzt am 1. Mai 1994. Jedes Mal lieferten sich die jungen Fahrer mit den in ihrer Leistung aufgrund des technischen Reglements weitgehend identischen Wettbewerbsfahrzeugen couragierte Rad-an-Rad-Kämpfe; wer den Windschatten auf den Geraden am besten zu nutzen verstand, hatte die Nase vorn. 1995 ist das dritte Jahr, in dem der 1800-ccm-ZETEC-Motor vorgeschrieben ist, ein Aggregat, das im Alltag normale Serien-Fiesta, -Escort oder -Mondeo antreibt. Wie im Straßenverkehr wird auch im Rennen mit Katalysator und bleifreiem Kraftstoff gefahren. Spoiler und Slicks sind, um die Kosten niedrig zu halten, verboten. Der ZETEC-Motor, der inzwischen der gesamten Serie den Namen »Formel Ford ZETEC Cup« gegeben hat, ist mit rund 130 PS stärker als der 1600-ccm-Kent-Motor, der vorher in der Formel Ford verwendet wurde. Um auch den Besitzern des alten Triebwerks weiter die Chance zum Mitmachen zu geben, wurde für sie eine eigene Wertung ausgeschrieben. Die Internationale Formel Ford-Meisterschaft ist mit etwa 260 000 DM dotiert; außer dem Preisgeld winkt dem Sieger ein Auto. Voraussetzung zur Teilnahme ist die gültige Fahrerlizenz einer nationalen Sportbehörde, das Mindestalter ist 16 Jahre. 1995 haben sich wieder rund 30 Piloten eingeschrieben. Aufsteiger aus dem Kart-Sport finden in der Formel Ford ein kostengünstiges Sprungbrett nach oben. Michael Schumacher, Ayrton Senna oder Nigel Mansell sogar bis in die Formel 1 und zum Gewinn der Fahrer-Weltmeisterschaft.

Swift Formel Ford 1800: 4-Zylinder-16-Ventil-Motor, 1800 ccm Hubraum, 140 PS
Gewicht: 450 kg
Höchstgeschwindigkeit: 240 km/h
Baujahr: 1994

Im Besitz des Teams BRT Hamburg

rechts: 1. Mai 1994 – Internationale Formel Ford-Meisterschaft in Berlin. Startnummer 1 – Patrick Simon; Startnummer 6 – der spätere Sieger, Mario Hilgert.

3
Valvoline
PENTHOUSE
AVON
ADAC

PENTHOUSE

VW-Ralt Formel 3

Im internationalen Vergleich rangiert die deutsche Formel-3 -Meisterschaft gegenwärtig ganz oben. Immer mehr ausländische Piloten beleben das Starterfeld, um das renommierte deutsche Nachwuchs-Championat als mögliches Sprungbrett in die Formel 1 zu nutzen. Auf der AVUS gehört die Formel 3 seit dem ersten Nachkriegs-Rennen 1951 zu den »Highlights«: die jungen, »hungrigen« Fahrer lieferten sich atemberaubende Windschatten-Duelle auf den langen Hochgeschwindigkeits-Geraden und sorgen auch heute auf dem verkürzten 2,6-km-Kurs durch harte Rad-an-Rad-Kämpfe für Spannung. Volkswagen Motorsport erkannte bereits Ende der 70er Jahre den Stellenwert der Formel 3 und ließ beim schwäbischen Edeltuner Siegfried Spiess Motoren aus den Golf-, Passat- oder Scirocco-Baureihen für den Sporteinsatz in unterschiedlichen Chassis präparieren. Zahlreiche internationale Titelgewinne lohnten den Einsatz. Der in England von March Cars Ltd. gebaute Ralt lehnte sich, wie alle aktuellen Konstruktionen, in seinem Kohlefasermaterial und in der Aerodynamik stark an die Formel 1 an. Das 2-Liter-Triebwerk, nach dem Reglement durch eine »Airbox« in seiner »Atmung« eingeschränkt und damit in der Leistung gedrosselt, stammt vom Golf GTI und verhalf – in einem Reynard-Chassis – dem heutigen Formel-1-Star Michael Schumacher am 5. Mai 1990 zum AVUS-Sieg und, Ende der Saison, zum Gewinn der Deutschen Formel-3 -Meisterschaft. Inzwischen dominiert die italienische Dallara-Konstruktion, vorwiegend mit Opel-Motor, die Szene.

VW-Ralt: Golf GTI 1800-Motor, Spiess-Rennversion mit 2 Liter Hubraum, 172 PS
Höchstgeschwindigkeit: je nach Übersetzung bis 245 km/h
Baujahr: 1993

Im Besitz von Volkswagen Motorsport

rechts oben: Das 94er Feld der Deutschen Formel-3-Meisterschaft bei der Einfahrt in die AVUS-Nordkurve.
rechts unten: Das Formel-3-Feld 1985 ausgangs der AVUS-Nordkurve.

VOLKSWAGEN
SONAX
Volkswagen
Bitburger
BBS
OKS
ITT TEVES
BORBET
LEICHTMETALLRÄDER

MICHELIN
BOSCH
Bitburger
ITT TEVES
BORBET
LEICHTMETALLRÄDER

Deutsche Tourenwagen-Meisterschaft

Philips Car Systems
BÄUMLER
DEKRA
castrol
BÄUMLER
DEKRA
33
Philips Car Systems
DEKRA
BÄUMLER
BÄUMLER

Ford Sierra Cosworth

Zweimal zwölf Runden waren im Berliner Lauf um die Internationale Deutsche Tourenwagen-Meisterschaft (DTM) am 29. Mai 1988 auf der AVUS zu absolvieren. Als bisheriger Spitzenreiter nach vier Rennen reiste Klaus Ludwig an, dreifacher Le Mans-Sieger, zweimal schon deutscher Rennsportmeister. Sein Auto: ein von Grab Motorsport in Siegen vorbereiteter Sierra RS 500 Cosworth, der Typ, mit dem Ford im Vorjahr die Tourenwagen-Weltmeisterschaft gewonnen hatte. Die DTM war mit einem neuen Reglement in die Saison gestartet, das ein Gleichgewicht zwischen Turbo- und Saugmotoren herstellen sollte, das bleifreies Benzin und eine Begrenzung der Geräuschemissionen vorschrieb. Drei engagierte Werke, außer den Kölnern BMW und Mercedes, eine Vielzahl von Teams und an die 60 für die AVUS genannte Fahrer garantierten auch auf dem Grunewaldkurs spannenden Spitzensport. Dem Publikum auf den bis auf den letzten Platz gefüllten AVUS-Tribünen kam der Wegfall der verwirrenden Klassenvielfalt der Vergangenheit zugute – jetzt war Sieger, wer als erster die Ziellinie überquerte. Der allerdings sollte diesmal nicht Klaus Ludwig heißen. Nach nur mäßigen Trainingsergebnissen war er aus der zehnten Reihe gestartet, zur Halbzeit stoppte ihn dann ein Kardanwellenbruch. So ging der erste Lauf an den einstigen Motorradweltmeister Johnny Cecotto aus Venezuela, der auch im zweiten »heat« seinen Mercedes 190 auf Rang eins fuhr. Die Ford-Hoffnungen erfüllte statt der enttäuschten Grab-Mannschaft überraschend Wolf Racing mit Armin Hahne am Lenkrad des »Cossie«, der aus dem Mittelfeld heraus zunächst einen dritten und im zweiten Rennen den zweiten Platz belegte. Mit einem Schnitt von 199,603 km/h war er die schnellste Runde der letzten Jahre gefahren, ein Ergebnis, das nicht mehr verbessert werden konnte: Fahrer und Teams protestierten gemeinsam gegen die langen AVUS-Geraden und setzten die Verkürzung der traditionellen Grunewaldpiste auf annähernd die halbe Streckenlänge für zukünftige Rennen durch. Trotz seines Pechs in Berlin gewann Klaus Ludwig auf Ford Sierra Cosworth die 88er DTM.

Sierra RS 500 Cosworth: 4-Zylinder-Reihenmotor mit Vierventiltechnik, 1993 ccm Hubraum, 320 PS bei 6500 U/min
Gewicht: 1040 kg
Höchstgeschwindigkeit: ca. 300 km/h

Im Besitz von Wolf Racing, Neuenstein

rechts oben: Armin Hahne fährt mit seinem »Cossie« am 29. Mai 1988 die schnellste AVUS-Runde - 199,603 km/h.
rechts unten: Führungswechsel beim DTM-Lauf 1989, ein »Cossie« hat die Spitze übernommen.
Doppelseite 126/127: Das Plakat wirbt 1994 für die populäre Deutsche Tourenwagen-Meisterschaft, die erfolgreichste Rennserie der Welt nach der Formel 1.

Würth Original
WÜRTH
Würth Original - die beste Wahl.
RACING
MICHELIN

Armin Hahne
Der Montageprofi
Ford
WÜRTH
DEKRA
7
Würth Original - die beste Wahl.
Mobil 1

WÜRTH
Würth Original - die beste Wahl.
WÜRTH Mobil 1 WÜRTH
Mobil 1
Würth
MICHELIN

BMW M3

Der erste Fight fand nicht auf der Piste statt. Der Berliner Senat, seit einem halben Jahr auf der Grundlage einer rot-grünen Koalition im Amt, stellte die AVUS als City-Rennkurs in Frage, nachdem er bereits ein Tempolimit über die AVUS als Autobahn verfügt hatte, und legte sich so mit dem ADAC als langjährigem Veranstalter von AVUS-Rennen an. Der Automobilclub erhielt Unterstützung von der parlamentarischen Opposition, vom Landessportbund und den Zehntausenden von Fans, die schon Wochen vor dem 28. Mai Karten gekauft und Unterschriften »gegen autofeindliche Ideologen« gesammelt hatten. Das Rennen fand statt; auf einem neuen, verkürzten 4,88-Kilometer-AVUS-Kurs ging es zur Sache. Zum Kampf um Punkte für die DTM 1989, die Deutsche Tourenwagen-Meisterschaft, die sich zur »besten Tourenwagen-Rennserie der Welt« gemausert hatte, wie im Programm nachzulesen war. Würde Mercedes den zweifachen Erfolg des vergangenen Jahres wiederholen können? Wie stark sind die neuen M3 der BMW-Teams? Und was ist vom 89er Jahrgang der »Cossies« zu erwarten? Nun, nach dem Training teilten sich die Süddeutschen die vorderen Startplätze. BMW also oder Mercedes, die Nobelmarke, die inzwischen auch Klaus Ludwig, den Meister des Vorjahres, für eines ihrer Cockpits verpflichtet hatte. Doch dessen AVUS-Pechsträhne setzte sich fort: Drei Runden vor Schluß des ersten Laufes platzte seine Frontscheibe und kostete ihn den zweiten Platz hinter den auftrumpfenden BMWs von Roberto Ravaglia, Italien, und Steve Soper aus Großbritannien. Die verbissenen Positionskämpfe um die Spitze bestimmten auch den zweiten Lauf, den schließlich ein Ford-Pilot mit AVUS-Routine, Klaus Niedzwidz aus Unna, vor dem französischen BMW-Fahrer Fabien Giroix für sich entscheiden konnte. 1989 – ein Jahr der weiß-blauen Marke: Roberto Ravaglia wurde auf dem M3 Deutscher Meister.

BMW M3: 4-Zylinder-Reihenmotor mit Vierventiltechnik,
2332 ccm Hubraum, 320 PS bei 8200 U/min
Gewicht: 940 kg
Höchstgeschwindigkeit: 280 km/h

Im Besitz der BMW AG

rechts oben: BMW-Pilot Roberto Ravaglia, Italien, gewinnt den ersten Durchgang des DTM-AVUS-Rennens am 28. Mai 1989 und die Deutsche Meisterschaft.
rechts unten: Die BMW-Armada, Jahrgang 1990, am Ausgang der AVUS-Nordkurve.

Gasdruck
BMW M Team
ESCOM TEAM JSERT ESCOM
Wintershall
ZF-Lenkung
WARSTEINER
Wintershall
telcon
WARSTEINER
SCHNITZER
YOKOHAMA
BBS
Original BMW Teile
Wintershall
16

WARSTEINER
ZF-Lenkung
Wintershall
telcon
BBS

Ravaglia
Wintershall
Das Motorenöl
BBS
EINE KÖNIGIN UNTER DEN BIEREN
WARSTEINER
Eibach
RECARO
BBS

BIGAZZI
WARSTEINER
FUJI TEAM JSERT
DUNLOP
telcon
DUNLOP
FUJI

Audi V8 quattro

War bereits das DTM-Jahr 1990 ein Jahr des Newcomers Audi und seiner mächtigen V8-Rennlimousinen gewesen, ein Jahr auch des Deutschen Meisters Hans-Joachim Stuck, der im Zeichen der vier Ringe gleich sieben Siege hatte feiern können, darunter auch den Gewinn beider Läufe unter dem Berliner Funkturm, so übertraf die Ingolstädter Marke dieses Resultat durch die AVUS-Show des Jahres 1991 noch um einiges. Vier Hersteller waren vertreten, außer Audi wieder BMW, Mercedes und Opel; einige Ford Mustang blieben exotische Außenseiter. Der Rennverlauf bestätigte, was sich im Training bereits abgezeichnet hatte: die totale Dominanz der Startnummern 1, 2 und 44, 45 – der Audis von Schmidt Motorsport und dem AZR Audi Zentrum Reutlingen. So souverän beherrschten sie das Feld von der ersten bis zur letzten Runde, daß sich die Aufmerksamkeit der Zwanzigtausend auf den Tribünen mehr und mehr von der Spitze ab- und der rasanten Aufholjagd des dänischen Mercedes-Piloten Kurt Thiim zuwandte, der mit einem Ersatzwagen aus letzter – der 39.! – Position ins Rennen gegangen war und nach 21 Runden und genau 102,480 Kilometern immerhin als 13. die Ziellinie passierte. Im zweiten Lauf, als er bereits in den Punkterängen der ersten Zehn fuhr, beendete eine Kollision mit seiner Markenkollegin Ellen Lohr in der engen Südkehre die Verfolgungsjagd. Hatten die Audis den ersten Durchgang vollzählig in der Reihenfolge Hans-Joachim Stuck, Frank Biela, Frank Jelinski und Hubert Haupt – mit 21 der »Benjamin« des Ingolstädter Aufgebots – beendet, so reichte es im zweiten Rennen noch für einen Dreifachsieg, angeführt von Frank Biela, dem kommenden Champion der Saison 91. Jelinski hatte nach zwölf Runden mit Pumpendefekt aufstecken müssen, Stuck konnte in Runde 17 mit einem Schnitt von 195,091 km/h einen neuen Rekord auf der »Kurz-AVUS« verbuchen. Der 5. Mai 1991 bleibt als das große Audi-Festival in Erinnerung.

Audi V8 quattro: 8-Zylinder-V-Motor mit Vierventiltechnik, 3561,8 ccm Hubraum, 420 PS bei 8200 U/min, quattro-Vierrad-Antrieb
Gewicht: 1220 kg
Höchstgeschwindigkeit: je nach Übersetzung bis zu 300 km/h

Im Besitz der Audi AG

rechts: AVUS 1991 – drei Dokumente eines totalen Audi-Triumphs!

Audi quattro
DUNLOP
Shell
BOSCH
KONI
TECHNIK
DEKRA
45
SONAX
LÖBRO
RECARO
BBS
Audi Sport

DUNLOP
Shell
BOSCH
KONI
DEKRA
2
LÖBRO
RECARO
SONAX
Shell I T R. Shell
DUNLOP
WARSTEINER

Mercedes-Benz 190 E 2.5-16 Evo II

Sieben Formel-1-Piloten, einer von ihnen Weltmeister, und eine einzelne Dame gehören zum »Personal« der DTM 92. Niemand muß mehr nach der Bedeutung der drei Buchstaben fragen: die Deutsche Tourenwagen-Meisterschaft hat sich als attraktivste Rennserie nach der Fahrer-WM durchgesetzt; das Fernsehen überträgt in ganz Europa und in viele überseeische Länder. In Berlin, der vierten von insgesamt zwölf DTM-Veranstaltungen des Jahres, erwartet die Teams wieder einmal »Neuland«: der AVUS-Kurs ist noch einmal nahezu halbiert worden, von 4,88 Kilometer Rundenlänge auf 2,64. Für die Zuschauer bedeutet das: action pur, pausenlos passieren die Wagen die Tribünen. Was die Konkurrenten – drei sind es noch: Audi, BMW und Mercedes – aus der veränderten Streckenführung machen werden, wird der Renntag zeigen. Eines ist freilich sicher: Audi wird Mühe haben, auf den verkürzten Geraden die motorische Überlegenheit der V8-Triebwerke auszuspielen. In der Tat, am 10. Mai haben Stuck & Co. das Nachsehen; bestes Ergebnis der Ingolstädter ist ein sechster Platz im ersten Lauf. BMW und Mercedes bestimmen das Geschehen. Gleich mit einem Doppelsieg im ersten Durchgang können die Münchener einen ersten, langersehnten Saisonerfolg verbuchen; ebenfalls mit einem eindrucksvollen Doppelsieg bestätigen jedoch die Stuttgarter im zweiten Lauf ihren Anspruch auf den Meistertitel 92. Aus dritter Position fährt Bernd Schneider im AMG-Mercedes einem sicheren Sieg entgegen, doch für die eigentliche Stimmung rund um den AVUS-»Nudeltopf« sorgt seine Teamkollegin Ellen Lohr, die ehrgeizige Amazone aus Mönchengladbach. Von Platz acht gestartet, nach der Erfahrung des vergangenen Jahres cool jedes Gerangel in der engen Südkehre vermeidend, bezwingt die einzige Frau im Feld unter dem tosenden Jubel der Berliner einen Konkurrenten nach dem anderen, bis sie als zweite abgewinkt wird, überglücklich, den Männern einmal die Schau gestohlen zu haben. Auch nach dem Berliner Rennen bestimmt die Überlegenheit der Stuttgarter Boliden die weitere Saison: Deutscher Meister wird einmal mehr, diesmal am Mercedes-Volant, Klaus Ludwig.

Mercedes 190 E 2.5-16 Evo II: 4-Zylinder-Reihenmotor mit Vierventiltechnik, 2,5 Liter Hubraum, 360 PS bei 9800 U/min
Gewicht: 980 kg
Höchstgeschwindigkeit: je nach Übersetzung bis zu 290 km/h

Im Besitz der Mercedes-Benz AG

rechts: Die DTM 1992 steht im Zeichen des Mercedes-Sterns. Zwar gewinnt die bayerische Konkurrenz den ersten AVUS-Lauf, doch der zweite Durchgang und die Sympathie des Publikums gehören diesmal dem Mercedes-Aufgebot.

Bitburger
Coca-Cola
Coke

AMG
K. Ludwig
König-Pilsener
DEKRA
8
BOSS
HUGO BOSS
RECARO
O.Z. Racing
BILSTEIN
BOSCH
becker

AMG
SONAX
BAUMLER
Shell

Alfa Romeo 155 V6 TI

Sie kamen, sahen und siegten – die roten Renner aus Milano. Zehn von sechzehn DTM-Läufen des Jahres 1993 hatten sie schon gewonnen, als es auf der diesmal herbstlichen AVUS, an vorletzter Stelle im Terminkalender, um den vorzeitigen Gewinn der Deutschen Meisterschaft ging. Nicola Larini, auch er wie viele Top-Piloten aus der Formel 1 in die Renntourenwagen umgestiegen, fehlte vor den Endläufen auf dem Hockenheimring nur noch ein einziger Punkt zum Erfolg. Ihn zu erringen, hatten die Italiener High-Tech vom Feinsten aufgeboten, wie Titelverteidiger Mercedes auch mit raffiniertester Formel-1-Technik unter dem spoiler- und flügelbewehrten Blechkleid. Die DTM war zum Zweikampf abgemagert, Audi und BMW hatten angesichts der ebenfalls auf Formel-1-Niveau gestiegenen Kosten der technischen Aufrüstung eine neue Orientierung in der vor allem auch im Ausland weltweit populären 2-Liter-Kategorie des Tourenwagensports gefunden. »Nicht aufgeben!« hieß die Mercedes-Parole am 12. September für die AVUS, »Wenn schon die Meisterschaft nicht zu holen ist, kämpfen wir um den Vizetitel!« Vor 23 000 Zuschauern kam es dann, wie es kommen mußte: Larini genügte ein risikolos errungener sechster Rang im ersten Lauf, während seine Alfa-Kollegen Alessandro Nannini und Christian Danner den Mercedes-Piloten die Plätze streitig machten. Die Entscheidung zugunsten des Stuttgarter Aufgebots mit Roland Asch und Klaus Ludwig an der Spitze fiel mit einem Reifenwechsel, als der zunächst strömende Regen aufhörte und die Piste schneller Trockenreifen erlaubte, als es die Alfa-Crew wahrhaben wollte. Da sich Roland Asch auch im zweiten Lauf durchsetzen konnte, schlug die Freude in den Mercedes-Boxen hohe Wellen – am Ausgang des Championats änderte der doppelte AVUS-Erfolg freilich nichts. Die Deutsche Tourenwagen-Meisterschaft war verdient an Nicola Larini gegangen, den »shooting star« aus dem Mailänder Alfa Corse Team.

Alfa Romeo 155 V6 TI: 6-Zylinder-V-Motor, 2498 ccm Hubraum, 420 PS bei 11800 U/min, Vierradantrieb
Gewicht: 1040 kg
Höchstgeschwindigkeit: je nach Übersetzung bis zu 270 km/h

Im Besitz von Alfa Romeo

rechts: Das Jahr 1993 sieht die roten Alfas vorn – auch wenn auf der AVUS bei den DTM-Läufen am 12. September zweimal Mercedes Grund zum Jubel hat. Nicola Larini holt in Berlin den noch fehlenden Punkt zum Gewinn des Championats.

5 F
Philips Car Systems
TABAC
ORIGINAL
DEKRA
3
BAUMLER
MICHELIN
SONAX
Shell

5 F
Philips Car Systems
Modena
DEKRA
10
Agip
BAUMLER
MICHELIN

Nannini
Philips Car System
DEKRA
2
SELENIA
BÄUMLER
men's fashion
MAGNETI MARELLI
ERG
MICHELIN
KELSEY-HAYES ABS
DAYCO
sparco

Philips Car Systems
BÄUMLER
men's fashion
MICHELIN

Philips Car Systems
Nannini
DEKRA
12
23
BAUMLER
SELENIA
MICHELIN

Opel Calibra V6

»Wir sind nie davon ausgegangen, im ersten Jahr zu den Titelanwärtern zu gehören«, analysierte man die Situation im Opel-Lager ganz richtig, nachdem das Werk in der Saison 1994 mit dem sportlichen Calibra-Coupé in die Deutsche Tourenwagen-Meisterschaft eingestiegen war. Der Entschluß der Rüsselsheimer, sich ernsthaft zu engagieren, brachte der DTM neuen Auftrieb – nur zwei Fabrikate, auch wenn sie Alfa Romeo und Mercedes-Benz heißen, reichen auf die Dauer kaum aus, um eine ganze Rennserie am Leben zu erhalten. Optisch und aerodynamisch konnten sich die Calibras sehen lassen, und mit Ex-Formel-1-Weltmeister Keke Rosberg und den beiden Le Mans-Siegern »John Winter« und Manuel Reuter war es bis zum AVUS-Rennen am 4. September auch bereits gelungen, gelegentlich in die Punkte zu fahren, auch wenn die Wertung erwartungsgemäß von der Konkurrenz angeführt wurde. So hieß es in Berlin einmal mehr: Mercedes oder Alfa? Vieles sprach für das Stern-Aufgebot, Star-Fahrer Klaus Ludwig stand an der Spitze der Punktetabelle, wollte hochmotiviert endlich den längst fälligen AVUS-Sieg und damit die Vorentscheidung der Meisterschaft. Doch dann kam es, bei strahlendem Sonnenschein und wie immer überfüllten Rängen, ganz anders. Schon in der ersten Runde ging der Calibra mit der Startnummer 17 nach einem Crash in der Nordkurve in Flammen auf. Entsetzen rings um den City-Kurs, doch John Winter alias Louis Krages entkam unverletzt dem Inferno. Als das Rennen nach über zwei Stunden erneut gestartet wurde, setzte sich der Debütant Stefano Modena auf seinem Alfa gegen seinen Markenkollegen Kris Nissen mit einem gelungenen Ausbremsmanöver in der Südkehre durch und fuhr furios zum Sieg. Auch im zweiten Lauf ließ er der geballten Mercedes-Konkurrenz ebensowenig eine Chance wie den von Defekten heimgesuchten Calibras, legte reihenweise Rekordrunden vor und ging unangefochten als erster durchs Ziel. Auf den Ausgang der Meisterschaft hatte die AVUS-Sensation keinen Einfluß, Klaus Ludwig, wieder einmal sieglos in Berlin, errang zum dritten Mal den begehrten Titel.

Opel Calibra V6: 6-Zylinder-V-Motor mit 4 obenliegenden Nockenwellen, 2496 ccm Hubraum, 420 PS bei 10500 U/min, Vierradantrieb
Gewicht: 1040 kg
Höchstgeschwindigkeit: je nach Übersetzung bis zu 300 km/h

Im Besitz der Adam Opel AG

rechts oben: Opels Star-Pilot Keke Rosberg.
rechts unten: Voller Einsatz, wie hier in der AVUS-Südkehre – dennoch hat DTM-Neueinsteiger Opel am 4. September 1994 in Berlin keine Chance, aber viel Pech.

OPEL TEAM JOEST

Philips Car Systems
OPEL
Mobil
MICHELIN
BÄUMLER
men's fashion
MICHELIN
MICHELIN

Reuter
Rosberg
Winter
OPEL
OPEL TEAM JOEST
DEKRA
6
BOSCH
SinterCast
Mobil 1
MICHELIN
RECARO
BILSTEIN
EDS
BBS

5 F
Philips Car Systems
Rosberg
OPEL
Mobil 1
DEKRA
6
BÄUMLER
MICHELIN
BOSCH
RECARO
BILSTEIN
BBS

Auch auf der AVUS: Motorradrennen

Seit 1922, dem zweiten Jahr der »Automobil-Verkehrs- und Übungsstraße«, wurden auf der Grunewaldpiste Zweirad-Konkurrenzen ausgetragen, zuletzt auf verkürztem Kurs im Jahr 1989. Was an Fahrern und Marken in der Motorradwelt Rang und Namen hatte, ist auch in Berlin gestartet: von Paul Köppen und Tom Bullus, Joseph Stelzer und Karl Gall, »Schorsch« Meier und Reginald Armstrong bis zu Walter Zeller, Kim Newcombe und Reinhold Roth. Es gab Ernst Hennes Rekordfahrten 1932 und 1933, es gab ein spektakuläres »Internationales 24-Stunden-Rennen« für Motorräder mit und ohne Seitenwagen. Und es gab auch tragische Unfälle, Diskussionen und Bemühungen, die Risiken zu mindern. Doch trotz der Welt-Prominenz im Sattel stand der Motorradsport immer im Schatten der Automobilrennen: Sie machten die Schlagzeilen, sie blieben im Gedächtnis, sie machen die eigentliche AVUS-Geschichte aus. Daß auch die Motorrad-Asse zwischen Nordkurve und Südkehre ihr Bestes gaben, würdigt eine Skulptur an der heutigen AVUS-Einfahrt. Sie geht zurück auf das Jahr 1935, als der Berliner Bildhauer Professor Max Esser daran ging, eine Gruppe von drei Motorrad-Rennfahrern in Lebensgröße zu modellieren, die ihren Platz an der Rennstrecke finden sollte: Ernst Henne auf BMW, Ewald Kluge auf DKW und Heiner Fleischmann auf NSU. Der Bronzeguß von 1939 ging in den Wirren des Zweiten Weltkriegs unter. Nur zwei Skulpturen, Henne und Kluge darstellend, tauchten wieder auf. Erst 1990 wurden sie endlich aufgestellt, auf einem Sockel, dessen Inschrift AVUS-Daten und -Namen festhält, dessen gemauerte Klinkersteine an die legendäre Steilkurve erinnern.

rechts: Messedamm Ecke Halenseestraße, im Berliner Bezirk Charlottenburg, an der AVUS-Einfahrt – das Denkmal des Bildhauers Max Esser zu Erinnerung an die Zweirad-Asse Ernst Henne und Ewald Kluge.
Doppelseite 142/143: Blick in die Messehalle der AVUS-Sonderschau im Rahmen der »aaa '94«, der Berliner Automobilausstellung im Oktober 1994.

AVUS
1909
1921
1926
1937
1938
1951
1959
1967

Manfred von Brauchitsch
Achille Varzi
Guy Moll
VOLKSWAGEN
SONAX

Männer, die AVUS-Geschichte schrieben

Fritz von Opel

1899 – 1971. Der im Rennsport auf zwei wie auf vier Rädern erfolgreichste Sproß der Rüsselsheimer Fabrikantenfamilie. Bei der AVUS-Eröffnung 1921 setzte er mit einem Opel-Sieg die erste Bestmarke auf der Grunewaldstrecke. Zur Sensation aber wurde sein AVUS-Auftritt 1928 im Cockpit des von ihm initiierten Raketenwagens, mit dem er eine Spitze von 238 km/h erreichte.

Christian Riecken

* 1887. Der Marke NAG in Berlin-Oberschöneweide war der schnurrbärtige Oberingenieur als Konstrukteur wie als Rennfahrer verbunden – eine glückliche Kombination seiner Talente. Wie bei der AVUS-Premiere gewann er auch 1926 beim ersten deutschen Grand Prix seine Klasse und belegte in der Gesamtwertung den zweiten Platz hinter keinem Geringeren als Rudolf Caracciola. Sein weiterer Lebenslauf verliert sich in den Wirren des Zweiten Weltkriegs.

Rudolf Caracciola

1901 – 1959. Am 11. Juli 1926 gewann »Caratsch«, wie ihn die Berliner fortan nannten, auf der regennassen AVUS in einem dramatischen Rennen den für Sportwagen ausgeschriebenen I. Großen Preis von Deutschland auf Mercedes. Grundstein für eine Karriere, die ihn zu einem der Größten des internationalen Automobilsports werden ließ.

Manfred von Brauchitsch

* 1905. Nach ersten Erfolgen auf privaten Mercedes verpaßte der Hamburger Offizierssohn seinem inzwischen antiquierten SSKL für das AVUS-Rennen 1932 eine Stromlinienkarosserie – und gewann mit der »Zigarre« nach aufregenden 15 Runden unter dem Jubel der Berliner. Sein weiterer Lebensweg verlief weniger geradlinig und führte ihn auf den Präsidentenstuhl der Olympischen Gesellschaft der DDR.

ACHILLE VARZI

1904 – 1948. Daß 1933, im Jahr der braunen »Machtergreifung«, ausgerechnet ein Italiener auf einem französischen Bugatti das Rennen in der deutschen Hauptstadt gewinnen mußte, verdroß nur die NS-Funktionäre. Das sportbegeisterte Berliner Publikum feierte den Sieger ungeachtet seiner Herkunft. Wenig später fuhr Varzi im Werks-Rennstall der Auto Union.

GUY MOLL

1911 – 1934. Auch 1934 kam der AVUS-Sieger nicht aus Deutschland. Der junge, ambitionierte Guy Moll stammte aus dem damals französischen Algier und stand im Sold der Scuderia Ferrari, des Alfa Romeo-Teams. Der vielversprechende Nachwuchsmann konnte in Berlin die Weltelite auf die Plätze verweisen, doch nur wenige Monate nach seinem AVUS-Triumph verunglückte er tödlich.

Hans Stuck

1900 – 1978. Als Spitzenpilot der Auto Union stellte er am Lenkrad des neuen Grand Prix-Heckmotorwagens am 6. März und am 20. Oktober 1934 auf der AVUS eine Reihe sensationeller Weltrekorde auf. Im Zwickauer Werks-Team war er in zahlreichen Berg- und Rundstreckenrennen erfolgreich; auch nach dem Zweiten Weltkrieg blieb er bis ins hohe Alter aktiv. Noch 1960 gewann er auf BMW eine Deutsche Meisterschaft.

Luigi Fagioli

1898 – 1952. Seit einem Jahr im Mercedes-Aufgebot, gewann der italienische Draufgänger den Berliner Reifenpoker 1935. Daß er den Hauptlauf des AVUS-Rennens ohne Reifenwechsel vor der in- und ausländischen Konkurrenz als Sieger beenden konnte, verdankte er einer seinem Temperament zuwiderlaufenden Zurückhaltung – nicht nur Tempo, sondern materialschonendes Fahren war entscheidend. Fagioli erwies sich als überlegener Taktiker .

Hermann Lang

1909 – 1987. Der Held des schnellsten AVUS-Rennens, der Mann, der die neue Steilkurve besser beherrschte, der seinen Stromlinienwagen auf den Geraden sicherer auf dem Kurs hielt als alle anderen. Mit dem Mercedes W 25 fuhr »s'Hermännle« am 30. Mai 1937 einen in Berlin später nie wieder erreichten Schnitt von 261,648 km/h – vielleicht der größte Erfolg seiner erfolgreichen Karriere.

Bernd Rosemeyer

1909 – 1938. Die Rekordrunde zu fahren, wenn schon das Rennen an die Konkurrenz ging, blieb dem neuen Star der Auto Union, dem jungen, blonden, lebenslustigen Bernd Rosemeyer vorbehalten. 276,400 km/h registrierte die Zeitnahme für die schnellste Runde bei der Steilkurven-Premiere 1937; 21 Jahre blieb die AVUS unangefochten schnellste Rennstrecke der Welt.

Paul Greifzu

1902 – 1952. Im Lexikon steht er nicht. In die Geschichte der Berliner Rennstrecke aber hat sich der Mann aus dem thüringischen Suhl unauslöschlich eingetragen: durch einen hart erkämpften Sieg im Formel-2-Eigenbau vor 350 000 Zuschauern beim Nachkriegs-Comeback der AVUS im Jahr 1951. Ein Rennen, das eine leider nur kurze Epoche gesamtdeutschen Motorsports in Berlin einläutete.

Karl Kling

*1910. Als Mercedes 1954 gleich mit einem Donnerschlag ins Grand Prix-Geschehen zurückkehrte, saß Karl Kling neben Weltmeister Fangio und dem Youngster Hans Herrmann im Cockpit des fortschrittlichsten Rennwagens der Zeit, des W 196. Beim souveränen Dreifachsieg auf der AVUS gab es kaum Gegner für die Neuauflage der »Silberpfeile«; im stallinternen Kampf um den Sieg beim Großen Preis von Berlin hatte die Startnummer 4, hatte Karl Kling knapp die Nase vorn.

Hans Herrmann

*1928. Wohl kein zweiter Pilot seines Ranges ist so oft mit so unterschiedlichen Rennfahrzeugen auf der AVUS gestartet: im Stuttgarter Formel-1-Mercedes ebenso wie im Abarth-Formel 2, im Borgward-Rennsportwagen wie in den verschiedenen Porsche-Typen, die er im Lauf seiner vielen Jahre im Dienst der Zuffenhausener an den Grenzen der Physik bis hin zum Le Mans-Sieg bewegte. Einen schweren Sturz mit dem BRM-Formel-1 auf der AVUS 1959 überlebte Hans Herrmann wie durch ein Wunder – eines der Glückskinder der Rennfahrer-Gilde.

Richard von Frankenberg

1923 – 1973. Der schnelle Journalist gehörte zum Porsche-Team, gewann 1954 und 1955 die Sportwagenrennen auf der AVUS und schaffte den »Hattrick« nur deshalb nicht, weil er 1956 einen spektakulären »Abflug« aus der Steilkurve fabrizierte, glücklicherweise, ohne ernsthaft Schaden zu nehmen. Warum ihn die AVUS faszinierte? Frankenberg: »Es ist müßig, das näher erforschen zu wollen. Es war so, und alle großen Fahrer kamen.«

Wolfgang Graf Berghe von Trips

1928 – 1961. Auf der Grunewaldpiste war der junge rheinische Edelmann schon unter seinem Pseudonym Axel Linther als Privatier gefahren. In die Siegerliste trug er sich zum ersten Mal als Werkspilot 1956 ein. Und 1959 konnte er seinen AVUS-Erfolg mit dem Porsche Spyder wiederholen. Zwei Jahre später, im Kampf um die Fahrer-Weltmeisterschaft, endeten Karriere und Leben des Grafen von Trips auf dem Formel-1-Kurs von Monza.

Jean Behra

1921 – 1959. Als chancenloser »underdog« hatte der sympathische Franzose im blauen Gordini 1954 die Herzen der Berliner erobert, die ihm noch einmal begeistert zujubeln konnten, als er 1958 in einem bis auf die letzten Meter spannenden Finish Deutscher Rennsportmeister wurde. Bei der Verteidigung seines Titels im Jahr darauf wurde ihm die AVUS-Steilkurve zum tödlichen Verhängnis.

Tony Brooks

*1932. Engländer; Zahnarzt, Garagenbesitzer und erfolgreicher Formel-1-Rennfahrer. Als 1959 zum zweiten Mal ein Grand Prix in Berlin ausgetragen wurde, waren drei Ferrari vorn, gegen deren 280-PS-Motoren auf der Berliner Hochgeschwindigkeitsstrecke kein Kraut gewachsen war. An erster Stelle plazierte sich Tony Brooks, der in jener Saison den Weltmeistertitel nur knapp verfehlte.

Kurt Ahrens

*1940. Das Talent hatte er vom Vater Kurt, dem Kurt, der Sohn, bald den Rang ablief und einer der schnellsten und zuverlässigsten Porsche-Piloten der 908- und 917-Sportwagen-Ära wurde. In Berlin war der blonde Braunschweiger in der ersten Hälfte der 60er Jahre so etwas wie ein Lokalmatador; in die Annalen der AVUS trug er sich vor allem mit Formel-3-Siegen ein, auf die er bis zum Abriß der Steilkurve »abonniert« war.

Herbert Schultze

1931 – 1970. Er war der erfolgreichste Berliner Sportfahrer der Nachkriegszeit. Mit seiner Marke Alfa Romeo gewann der auch geschäftlich erfolgreiche Autohändler dreimal in Folge die Deutsche Automobil-Rundstreckenmeisterschaft mit 26 Siegen bei 27 Starts in den Jahren 1966 bis 1968. Auch auf der AVUS war er auf Sieg programmiert, bis ihm ein Materialdefekt an seinem Werks-Alfa 1970 auf dem Nürburgring das Leben kostete.

Derek Bell

*1941. Es war am 22. Mai 1977. Auf der »neuen« AVUS mit flacher Nordkurve anstelle der Klinkerwand donnerten die Motoren der »Interserie«. Ein neuer Rekord lag in der Luft. Alfa Romeo war mit der jüngsten Entwicklungsstufe des Tipo 33 angetreten, am Lenkrad des Prototypen der englische Sportwagen-Spezialist Derek Bell. Als das Rennen der Boliden abgewinkt wurde, hatte er mit seiner roten Flunder mit 234er Schnitt die bisherige Bestzeit um volle 15 Sekunden unterboten.

Hans-Joachim Stuck

*1951. Wie sein berühmter Vater war und ist der bayrische Sonnyboy ein Liebling der Berliner. Eines Rennpublikums, das der »Strietzel«, wie schon Hans Stuck sen., als besonders fair und sachkundig schätzt. Auf der AVUS gehört er zum alljährlich wiederkehrenden Tourenwagen-Troß, heute in der 2-Liter-Klasse am Start, früher als belebendes Element der DTM , deren Berliner Läufe er 1990 und 1991 auf Audi V8 quattro gewann.

Klaus Ludwig

*1949. Wenn es notorische AVUS-Pechvögel gibt, dann gehört der dreifache Le Mans-Sieger und fünffache Deutsche Meister – allein dreimal Gewinner der Deutschen Tourenwagen-Meisterschaft – ganz sicher an ihre Spitze. Seit es in Berlin um DTM-Punkte geht, war Klaus Ludwig Mal für Mal hochmotiviert angereist, aber immer wieder hat es am AVUS-Renntag am letzten Quentchen Glück gefehlt. Kein Grund jedoch für einen Profi wie ihn, die Flinte ins Korn zu werfen. Er wird auch beim nächsten Start in Berlin dabei sein.

AVUS-Statistik: Sieger – und Opfer

Aufgelistet sind alle Automobil-Rennveranstaltungen auf der AVUS mit dem jeweils schnellsten Rennen bzw. dem schnellsten Lauf eines in zwei oder mehr Läufen ausgetragenen Wettbewerbs. Angegeben ist der Renndurchschnitt in km/h.

Rundenlänge 19, 600 Kilometer, flache Nordschleife, Südschleife in Nikolassee

25.9.1921	Fritz von Opel	Opel	128,840 km/h
11.6.1922	Christian Riecken	NAG	133,980
30.9.1923	Georg Klöble	NSU	119,460
29.6.1924	Jakob Scholl	NSU	120,780
11.7.1926	Rudolf Caracciola	Mercedes	135,036
2.8.1931	Rudolf Caracciola	Mercedes-Benz	185,705
22.5.1932	Manfred von Brauchitsch	Mercedes-Benz	194,400
21.5.1933	Achille Varzi, I	Bugatti	206,840
27.5.1934	Guy Moll, F	Alfa Romeo	205,293
26.5.1935	Luigi Fagioli, I	Mercedes-Benz	238,500

Rundenlänge 19, 300 Kilometer, Steilkurve, Südschleife in Nikolassee

30.5.1937	Hermann Lang	Mercedes-Benz	261,648 km/h

Rundenlänge 8, 300 Kilometer, Steilkurve, Südkehre am Großen Stern

22.5.1938	Kurt Illmann	BMW	154,100 km/h
1.7.1951	Paul Greifzu, DDR	BMW-Eigenbau	181,190
1.6.1952	Arthur Rosenhammer, DDR	IFA	169,310
28.9.1952	Rudolf Fischer, CH	Ferrari	186,6
12.7.1953	Jacques Swaters, B	Ferrari	189,4
19.9.1954	Karl Kling	Mercedes-Benz	213,5
25.9.1955	Richard von Frankenberg	Porsche	197,6
16.9.1956	Graf Berghe von Trips	Porsche	203,8
21.9.1958	Jean Behra, F	Porsche	207,3
2.8.1959	Tony Brooks, GB	Ferrari	231,1
13.5.1962	Edgar Barney, CH	Ferrari	203,5
7.10.1962	Hans-Georg Plaut	Jaguar	187,5
30.6.1963	Peter Noecker	Jaguar	210,9
24.5.1964	Tony Hegbourne, GB	Cooper-Cosworth	198,0
28.6.1964	Hans Herrmann	Abarth-Simca	208,9

27.6.1965	Udo Schütz	Porsche	210,9
29.8.1965	Manfred Mohr	Brabham	185,3
26.6.1966	Udo Schütz	Porsche	226,7
28.8.1966	Kurt Ahrens	Brabham	187,1
25.6.1967	Gerhard Koch	Porsche	219,1
10.9.1967	Gerhard Koch	Porsche	220,2

Rundenlänge 8, 100 Kilometer, flache Nordkurve, Südkehre am Großen Stern

4.7.1971	Curt Wetzel, USA	Sting Ray	183,14 km/h
12.9.1971	Wolfgang Bülow	March	175,01
13.5.1973	Eugen Kiemele	Porsche	188,12
1.7.1973	Eberhard Sindel	Porsche	189,09
26.5.1974	Eugen Kiemele	Porsche	175,6
30.6.1974	Giorgio Francia, I	March-Toyota	194,2
1.9.1974	Ian Grob, GB	Chevron	184,18
22.6.1975	Siegfried Müller	BMW	203,36
23.5.1976	Conny Andersson, S	March-Toyota	200,20
22.5.1977	Derek Bell, GB	Alfa Romeo	224,97
21.5.1978	Toine Hezemans, NL	Porsche	232,489
11.5.1980	Manfred Schurti, FL	BMW	213,602
2.5.1982	Siegfried Müller	BMW	211,929
1.5.1983	Bob Wollek, F	Porsche	232,524
13.5.1984	Kees Kroesemeijer, NL	Porsche	218,982
12.5.1985	"John Winter"	Porsche	226,100
11.5.1986	Volker Weidler	Mercedes	189,917
10.5.1987	Hanspeter Kaufmann	Dallara-Spiess	196,394
29.5.1988	Johnny Cecotto, YV	Mercedes	197,119

Rundenlänge 4, 880 Kilometer, flache Nordkurve

28.5.1989	Karl Wendlinger, A	Ralt-Alfa Romeo	184,935 km/h
6.5.1990	Hans-Joachim Stuck	Audi	183,726
5.5.1991	Frank Biela	Audi	193,565
22.9.1991	Olaf Manthey	Audi	183,450

Rundenlänge 2, 640 Kilometer, flache Nordkurve

10.5.1992	Pedro Lamy, P	Opel-Reynard	165,704 km/h
20.9.1992	Sandro Zani, NL	Opel-Lotus	160,839
9.5.1993	Johnny Cecotto, YV	BMW	151,265
12.9.1993	Joes Verstappen, NL	Opel-Dallara	172,080
1.5.1994	Ralf Kelleners	Porsche	155,688
4.9.1994	Jörg Müller	Fiat-Dallara	172,800
7.5.1995	Kurt Thiim, DK	AMG Mercedes	173,938

Trotz der hohen auf der AVUS gefahrenen Geschwindigkeiten war und ist die Berliner Rennstrecke ein relativ sicherer Kurs. Auch spektakuläre Unfälle gingen meist glimpflich für die Betroffenen aus. Dennoch forderte auch die AVUS im Lauf ihrer 74jährigen Geschichte Opfer: Im Training zum Großen Preis von Deutschland 1926 verlor der italienische Beifahrer Piroli sein Leben, im Rennen flog einer der Boliden von der regennassen Piste in ein Zeitnehmerhäuschen – es gab drei Tote. 1932 starb der junge böhmische Prinz Georg Christian Lobkowitz nach einem Sturz, ein Jahr später der 44jährige Otto Merz aus Cannstatt. 1959 wurde die Steilkurve mit ihrem bei Regen gefährlich glatten Klinkerbelag dem Franzosen Jean Behra zum Verhängnis, und 1971 kam, wiederum bei Nässe, ein Monoposto von der Bahn und erschlug den 59jährigen Streckenposten Werner Böhnke. Auch drei Motorradfahrer verloren auf der AVUS ihr Leben: 1963 Horst Wolff auf der Geraden, 1964 Albert Achinger in der Nordkurve und 1965 Klaus Fischer in der Südkehre.

Rudolf Uhlenhaut, Mercedes-Benz-Direktor, Konstrukteur der 54er »Silberpfeile« und selbst schneller Fahrer, stellte 1960 beim Vergleich der AVUS mit den internationalen Rennstrecken seiner Zeit fest: »Die AVUS birgt nicht mehr Gefahren als jede andere Strecke auch.«

AVUS quattro

Audis Idee vom Sportwagen von morgen. Ein zukunftsorientiertes Konzept, mit dem man an die Tradition der Rekordwagen der Auto Union, der Marke mit dem Emblem der vier Ringe anknüpft. Der Name »AVUS« erinnert an die 30er Jahre, in denen die »Silberpfeile« aus Zwickau auf der Berliner Hochgeschwindigkeitspiste zu den erfolgreichsten Startern gehörten. Wie damals die Rennwagen mit dem revolutionären Mittelmotor ihrer Zeit voraus waren, so ist die Audi-Studie von heute Träger der Automobiltechnik von morgen. Die glänzende Aluminium-Karosserie mit den betont kurzen Überhängen wiegt nur rund 100 Kilogramm, die tragende Gitterrohrrahmen-Konstruktion etwa die Hälfte. Sie gewährleistet dennoch hohe passive Sicherheit. Weniger Gewicht bedeutet weniger Kraftstoffverbrauch und weniger Schadstoffemissionen, bessere Leistungsausbeute, bessere Bremsleistung und besseres Handling. So bringt Leichtbau auch aktive Sicherheit. Herz des AVUS quattro ist der W 12, ein extrem kompakter 12-Zylinder-Motor modernster Bauart. »W«, weil zwischen zwei, im Winkel von 120 Grad geneigten Zylinderreihen eine dritte steht, so daß das 12-Zylinder-Aggregat nicht länger ist als ein herkömmlicher 4-Zylinder. Der quattro-Vierradantrieb in Verbindung mit einem im Hochleistungssport erprobten Fahrwerk sorgt für Fahrstabilität; auch in schwierigen Situationen bleibt der Audi-Prototyp sicher beherrschbar. Der AVUS quattro ist ein Einzelstück geblieben, es gab und gibt keine Serienfertigung. Zahlreiche Interessenten mußten enttäuscht werden.

AVUS quattro: 12-Zylinder-W-Motor mit 5 Ventilen pro Zylinder, 6 Liter Hubraum, 509 PS bei 5800 U/min
quattro-Vierradantrieb, 6-Gang-Schaltgetriebe
Vollaluminiumkarosserie
Höchstgeschwindigkeit: ca. 340 km/h
Beschleunigung 0 – 100 km/h: ca. 3 sec

Der AVUS quattro setzt den Schlußpunkt unter den Report vom »Automobilsport in Berlin«, weil er wie kaum ein anderes Kraftfahrzeug das Zusammenspiel von sportlichem Wettbewerb und technischer Innovation demonstriert. Ein Zusammenspiel, das der Idee der AVUS als Rennstrecke und »Automobil-Verkehrs- und Übungsstraße« entspricht.

Bildnachweis

Die Aufnahmen der AVUS-Sonderschau im Rahmen der »aaa '94« in Halle 11.2 des Berliner Messegeländes stammen von Thomas Billhardt (8) und city press (1), die Präsentations-Farbfotos der Fahrzeuge und Trophäen von Thomas Billhardt (54), der Messe Berlin (15) und den Firmen-Archiven von Alfa Romeo (2), Audi (3), BMW (1), Ford (1), Opel (1) und Porsche (3).

Die auf den Fotos der Sonderschau abgebildeten Dekorationen (AVUS-Steilkurve mit Rennszene 1937, fiktive Boxenstraße beim GP von Deutschland 1959) wurden von Art Interieur, Jürgen Sieger und Wilhelm Valder, Köln, geschaffen.

Die historischen Schwarzweiß-Fotos und -Illustrationen – jeweils mit Seitenzahl und ihrer Position auf der betreffenden Seite benannt, numeriert von 1 bis maximal 4, links oben beginnend und rechts unten endend – stammen aus folgenden Quellen:

ADAC Berlin-Brandenburg: 8; Alfa Romeo: 59/1; Audi: 9; Auto Union: 49/1, 49/2, 49/3; AvD: 35/1; Baumgart: 110-111, 125/1, 129/2, 131/2, 133/1, 133/2, 133/3, 135/3; von der Becke: 85/1, 87/1, 95/1, 97/2, 99/1, 115/1, 115/2, 117/1, 117/2; Biermann: 39/3; BMW: 47/1, 47/2, 47/3, 131/1; Castrol: 79/2, 148/1, 149/2; Demand: 64-65; Deutsche Aerospace: 57/3; Archiv Einstmann: 83/2, 83/3; Ford: 123/1, 123/2, 129/1; Archiv Heine: 10, 109/3; Archiv Herrmann: 105/2; Jaguar: 103/1, 103/2; Archiv Kitschigin: 10, 11/1, 12/1, 16/2, 18/1, 18/2, 20, 21/1, 21/2, 23/1, 26/1, 33/2, 37/1, 63/2, 77/3, 85/2, 87/2, 97/1, 105/1, 107/1, 126-127, 150/1, 153/1, 153/2; Landesbildstelle Berlin: 11/2, 22/1, 23/2, 24/1, 24/2, 27/1, 39/2, 53/1, 53/2, 61/1, 70-71, 74-75, 77/1, 100-101, 119/1, 141, 146/2; Mercedes-Benz: 3, 22/2, 41/1, 41/2, 55/1, 69/1, 69/2, 69/3, 79/1, 79/3, 81/1, 147/2; Middelhauve: 135/1, 135/2, 137/1, 137/2, 137/3, 137/4, 139/1, 139/2; Museum für Verkehr und Technik: 39/1, 57/1, 63/1, 63/3; Archiv Niebuhr: 83/1; NSU: 37/2, 37/3, 37/4; Opel: 33/1, 45/1, 45/2, 45/3, 144/1; Porsche: 87/3, 91/1, 107/2, 121/1, 121/2; Senatskanzlei Berlin: 6; Ullstein Bilderdienst: 12/2, 13, 14, 15, 16/1, 19, 25/2, 26/2, 27/2, 27/3, 28, 29/1, 30-31, 35/2, 41/3, 42-43, 50-51, 57/2, 67/1, 67/2, 67/3, 73/1, 73/2, 73/3, 77/2, 88-89, 93/1, 109/2, 119/2, 119/3, 125/2, 144/2, 145/1, 145/2, 146/1, 147/1, 148/2, 149/1, 150/2, 151/1, 151/2, 152/1, 152/2, 154/1, 154/2 ; Archiv Wetzel: 113/1, 113/2.

ISBN 3-550-06900-6

Satz und Lithos: Realis GmbH, München
Druck: Offizin Andersen Nexö Leipzig GmbH
Printed in Germany 1995

Gedruckt auf alterungsbeständigem Papier
mit chlorfrei gebleichtem Zellstoff

Die Deutsche Bibliothek - CIP-Einheitsaufnahme
Kitschigin, Richard:
Mythos Avus : Automobilsport in Berlin / Richard Kitschigin.
- Berlin ; Frankfurt am Main : Ullstein, 1995
ISBN 3-550-06900-6

Dreifacher Sieg!
MERCEDES-BENZ
gewinnt auch den »Großen Preis von Berlin«
auf der schnellsten Rennstrecke der Welt
1. Karl Kling
2. Juan Manuel Fangio
3. Hans Herrmann
6